AF362142

Fotografías de portada: Solís, Peotillos, El Potosí, Espíritu Santo, La Soledad, Albarcones, El Carro, Sierra Hermosa y Peñasco.

Fotografías de contraportada: Guanamé, Cruces, Illescas, Laguna Seca, Santiago, Bocas, San Tiburcio, Carbonera, El Salado, San Juan de Vanegas, San Agustín de los Amoles, Pozo del Carmen, Cedros, La Boca y Punteros.

Viñetas: Noria de Conos y Los Charcos.

Haciendas del Altiplano
historia(s) y leyendas

TOMO I

GRANDES LATIFUNDIOS VIRREINALES

Homero Adame

Haciendas del Altiplano
Historia(s) y Leyendas

TOMO I

GRANDES LATIFUNDIOS VIRREINALES

Homero Adame

El Altiplano como área de estudio propuesto en este trabajo aparece resaltado en blanco en la adaptación de este Mapa de México.

Al Altiplano,
cuyos vientos también narran historias,
otro tipo de historias.

TABLA DE CONTENIDO

TABLA DE CONTENIDO

PRÓLOGO

El presente trabajo, uno más de los muchos que nos ha obsequiado el incansable investigador Homero Adame, nos presenta al autor como un viajero del tiempo donde, de manera paralela, se muestra el vestigio material e histórico de aquellas grandes instalaciones rurales, ahora míticas, llamadas haciendas, junto con el testimonio actual, casi nunca conocido, de los habitantes que al interior o en las inmediaciones de los antiguos cascos observan y conviven de manera cotidiana con ese patrimonio cultural.

Esta visión, a veces ajena, a veces cercana, genera diversos sentimientos que se acompañan con una interpretación histórica totalmente subjetiva y que son producto de la tradición oral de cada comunidad. En esta perspectiva, mucho tiene que ver la cercanía que, en su momento, los antiguos patrones tuvieron con sus trabajadores, medieros y peones, y esa memoria ha perdurado en muchos sitios y se transmite de generación en generación, aún y cuando han transcurrido casi 100 años desde los cambios económicos que generaron el colapso de las haciendas como entes productivos en nuestro país.

Dicha memoria contrasta con la visión que, a su vez, tienen los descendientes de los antiguos propietarios de las haciendas, algunos de los cuales conservan la posesión de los cascos o de las casas grandes y hacen todo lo posible para evitar la ruina total o, en el mejor de los casos, restaurarlos para devolverles su majestuosidad.

Pero finalmente, el discurso general se refiere, sobre todo, al antiguo esplendor y posterior decadencia de un ente productivo que en su momento hizo posible la riqueza y gloria de los propietarios pertenecientes a un grupo muy selecto y privilegiado, pero que en muchos casos fomentó la marginación, pobreza y explotación de sus trabajadores, hecho que sigue presente en esa memoria guardada y transmitida a través del tiempo.

Otro aporte importante en este trabajo de Homero Adame es la forma en cómo visualiza el territorio estudiado. El Altiplano, esa región que se entiende de manera general como la geografía más alta del país y que transcurre en su parte central de norte a sur, alternando serranías y valles, desde la frontera norte hasta el valle de México, y que en San Luis Potosí se refiere de manera específica a los 15 municipios localizados en las zonas más secas del norte del estado. En la presente obra, que es el tomo I de una serie de libros sobre la historia, historias y leyendas de las haciendas que florecieron en el semidesierto, el autor contextualiza al Altiplano como una región cultural específica, con sus propios códigos de identidad, que por motivos de divisiones geopolíticas ya no se alcanza a vislumbrar de manera clara por otros habitantes ajenos a este territorio también considerado como indómito.

De manera similar que la Huasteca, subdividida arbitrariamente en por lo menos cuatro estados del país, el Altiplano del centro-norte de México se define, como en este caso por Homero Adame, en un territorio compartido por los estados de Coahuila, Nuevo León, Tamaulipas, Zacatecas y, por supuesto, San Luis Potosí, donde las condiciones extremas del clima semidesértico, el tipo de vegetación, y las grandes distancias entre sitios habitados forjaron el carácter particular y común de sus habitantes, herederos del perfil chichimeca aguerrido, reservado, luchador y que no se rinde fácilmente; perfil que en cierto modo aún conservan los pobladores de estos lares.

Además de otorgar un marco de referencia geográfica, reseñas históricas e historia oral de los elementos incluidos en el libro, es destacable que se expongan ejemplos de haciendas poco conocidas, donde el autor no hizo la elección por el tamaño y monumentalidad del elemento arquitectónico abordado sino, más bien, por el sistema de interrelación cultural, comercial y social que conformó la red de estas haciendas en la región. Esto nos lleva a una nueva reflexión sobre las formas de acercamiento al patrimonio cultural edificado; formas que se refieren a todos estos valores, y no sólo los materiales.

Es deseable que el presente libro, además de profundizar en el conocimiento y referencias históricas y sociales de las haciendas estudiadas, contribuya a la sensibilización y concientización sobre la necesidad de conservar estos elementos arquitectónicos que son, por ahora, los más vulnerables y susceptibles de destruirse debido a su aislamiento, incertidumbre de propiedad, falta de recursos económicos, y sobre todo, mucha falta de conciencia entre autoridades y posesionarios de estos elementos, entre otros factores. Mientras tanto, disfrutemos de este viaje con las comodidades que nos brinda la lectura, imaginando únicamente el gran esfuerzo que implica recorrer físicamente estas soleadas y secas regiones, con altas temperaturas en verano e intenso frío en invierno, de dificultoso acceso por caminos imposibles, y sorteando voluntades difíciles de abordar.

Begoña Garay López

INTRODUCCIÓN

Dentro del contexto económico novohispano, el término hacienda tiene diversas acepciones. Si nos remitimos al Diccionario de Autoridades de la Real Academia Española, uno de sus significados es la de "Las heredades del campo y tierras de labor, en que se trabaja para que fructifiquen". De una manera más concisa, en 1778, el fray José Alejandro Patiño explicó que "las haciendas son casas de campo que pertenecían a la gente más opulenta con tierras, caballos y ovejas, así como pasturas y tierras agrícolas".

Pero décadas atrás a la explicación del fraile, el concepto de hacienda en México –cuando era parte de la Nueva España– implicaba los centros de beneficio de metales, las llamadas haciendas de beneficio, pero desde principios del siglo XVII se empezó a denominar hacienda a toda aquella propiedad que tenía dos o más actividades económicas preponderantes, entre las cuales incluía la hacienda de beneficio, las tierras de labor, las estancias de ganado mayor o menor y, en conjunto, constituían una unidad productiva mixta. Por aquellos años, las haciendas de ganado mayor (reses), por ejemplo, estaban constituidas por sitios de ganado mayor y caballerías de tierra que eran sistemas de medida anteriores a las hectáreas que nos son habituales en la actualidad. Puesto que los centros mineros tenían bonanzas y decadencias, cuando en alguno de ellos menguaba la actividad minera había desempleo y abandono, lo cual implicaba que las haciendas de beneficio dejaran de operar, pero las haciendas de campo o "haciendas clásicas" seguían productivas no obstante las crisis porque la demanda de alimentos en las ciudades no cesa jamás. Tales haciendas mantenían su actividad y, en algunos casos, modificaban su producción, según la demanda del mercado.

Vale apuntar que las haciendas no eran sólo esos lugares donde aún encontramos una enorme construcción antigua, en ruinas o renovada. Esos eran los cascos de las haciendas, los cascos donde estaba la casa grande y otros conjuntos. Las haciendas eran grandes extensiones de tierras con el casco (el centro operativo), las estancias de ganado mayor o menor (donde había un pequeño casco), los ranchos (con jacales y casas que conformaban asentamientos dispersos) y las labores (tierras de producción agrícola que podían estar o no integradas a un rancho). Por su parte, vale mencionar que las haciendas de beneficio tenían una estructura diferente a las haciendas de campo, otra tipología, con o sin casco, sin sitios o estancias ganaderas o tierras de labranza; en ese tipo de haciendas había patios y hornos y otros elementos donde se procesaba o beneficiaba el metal extraído de las minas.

Las haciendas en la época virreinal

Desde la conquista y por más de tres siglos, el reparto de tierras y mercedes en la Nueva España se dio casi exclusivamente entre algunos cuantos peninsulares que se avecindaron en estas latitudes. Conforme descubrían nuevos territorios se los repartían entre sí, muchas veces como premio a una conquista, por un acto valeroso o por donación de bienes en favor de la Corona. Cuando aquellos hombres empezaron a incursionar en el Altiplano lo hicieron con el afán de buscar yacimientos, dado que para entonces las riquezas minerales eran atractivas tanto para los cazadores de fortunas y los gambusinos como para los nobles. Tras seguir avanzando hacia el norte, descubrieron nuevos territorios que, si bien no eran ricos en yacimientos, ofrecían la opción de servir como tierras de sustento, de labor o de cría de ganado, y fue así como surgieron las haciendas de campo, cuya producción, en todo caso, era necesaria para abasto y consumo en centros mineros y otros núcleos poblacionales. De tal modo se formaron enormes latifundios repartidos entre pocos propietarios, a menudo emparentados entre sí por lazos matrimoniales. Un caso extremo fue el del capitán Francísco de Urdiñola (el equivocadamente llamado marqués de Aguayo –título que nunca ostentó–), quien logró poseer el latifundio más extenso en la época virreinal, éste ubicado en el norte de Zacatecas, Coahuila y otras regiones septentrionales, incluyendo partes del Altiplano.

En ese tiempo también se formaron los mayorazgos, un instrumento de origen español que adaptaron en la Nueva España con el propósito de evitar que los bienes se dividieran, es decir, podían heredarse, pero no dividirse ni venderse en partes. Para crear un mayorazgo era necesario recibir la concesión de una Cédula Real en la cual se autorizaba la fundación del vínculo. Todos los bienes vinculados a un mayorazgo, en la mayoría de los casos, se encontraban registrados en la escritura de fundación y/o en el testamento y se establecían las especificaciones con las cláusulas, condiciones y prohibiciones cuando el mayorazgo era traspasado. De tal modo, los bienes incluidos no podían salir de la familia y eran cedidos, por tradición, al primogénito, prefiriendo a los hombres sobre las mujeres.

En el Altiplano sólo hubo un mayorazgo, el de Mora y Luna fundado por el alférez José Luna y Mora, cuyo descendiente obtendría el título de conde de Peñasco. Éste es un ejemplo convencional de cómo un mayorazgo era precedido de un título nobiliario como el de vizconde, conde o marqués. Hubo otros mayorazgos con sedes principales en Zacatecas y Guanajuato que tuvieron haciendas y tierras en el Altiplano, por ejemplo, las haciendas de El Carro y la de Sierra Hermosa, ambas en Zacatecas que eran parte del mayorazgo de Jaral de Berrio con sede en el ahora estado de Guanajuato.

A principios del siglo XIX, la inconformidad de los criollos –aquellos hijos de peninsulares nacidos en la Nueva España– era mayúscula, pues para entonces ya sentían que esta tierra les pertenecía y no estaban de acuerdo con tener que pagar tributo a la Corona o que desde España se gobernara indirectamente a través de un virrey. Tal inconformidad dio origen a la guerra de Independencia iniciada en 1810, según la historia oficial. Después de casi 11 años de guerra, finalmente se consumó la Independencia, naciendo así una nueva nación: México. A partir de entonces se abolieron los títulos nobiliarios y también los mayorazgos, lo que propició que los grandes latifundios empezaran a fragmentarse, por herencia o por compraventa, y la mayoría dejó de ser propiedad de españoles para pasar a ser propiedad de criollos. Así se dio una reconfiguración en la geografía de la tenencia de la tierra, dando paso a numerosas nuevas haciendas de campo, mientras que las mineras siguieron su curso tradicional de acuerdo con los auges o declives en los centros mineros. En el Altiplano existen muchísimas de ellas, de las cuales he visitado personalmente alrededor de 150, algunas de origen virreinal y el resto, establecidas con el México independiente.

Las haciendas a partir de la Independencia

Es sabido que muchos de los grandes latifundistas eran también absentistas, es decir, no vivían de tiempo completo en sus haciendas (y en algunos casos ni siquiera las conocieron). De hecho, la mayoría radicaba, por lo general, en las ciudades importantes, dígase Matehuala, Real de Catorce, Saltillo, San Luis Potosí, Zacatecas o la ciudad de México, dejando sus haciendas a cargo de administradores. En el caso de las haciendas más pequeñas, aquellas surgidas a raíz de la Independencia, sí era común que sus dueños residieran en ellas.

La expansión hacendaria del siglo XIX en el Altiplano se dio principalmente en la región norte de San Luis Potosí, en el sur de Nuevo León y en el suroeste de Tamaulipas, donde los grandes latifundios virreinales se habían fragmentado. Gracias a las bonanzas mineras de Real de Catorce y de La Paz, se formaron numerosas haciendas de campo más pequeñas. Por su parte, en lo que podemos considerar como el Altiplano coahuilense –básicamente al sur de los municipios de Saltillo y de Arteaga, así como otras zonas colindantes con Zacatecas– no florecieron nuevas haciendas en esa época, sino a partir de 1865 cuando se fragmentó el enorme latifundio de la familia Sánchez Navarro (parte del cual había sido aquel latifundio virreinal de Francisco de Urdiñola). Algo similar ocurrió en el noreste de Zacatecas, pues era parte de dicho latifundio. Aún más, a partir de 1905, con el auge del guayule, surgieron otras haciendas en esa región del noreste de Zacatecas y sur de Coahuila.

La Revolución, el ocaso de las haciendas

La decadencia de casi todas las haciendas mexicanas sobrevino con la Revolución. Aunque la esclavitud había sido oficialmente suprimida en México desde décadas antes, lo cierto es que en las haciendas seguía practicándose. Los peones vivían en y para la hacienda. Las horas de trabajo eran muchas, "de sol a sol", según se dice, sin días de descanso y con salario muy bajo (sin mencionar los malos tratos por mano de los capataces que, en muchas ocasiones, eran del desconocimiento del hacendado). El salario por lo general era recibido y al instante transferido a la hacienda misma a través del sistema de la tienda de raya, pues el trabajador estaba obligado a adquirir los productos que le eran necesarios en esa tienda. El trabajador tenía casa para él y su familia y cuando los hijos alcanzaban cierta edad ingresaban a la fuerza laboral de la hacienda. Desde la colonia hasta la Revolución se vivió de esta manera y a lo largo de ese tiempo hubo un descontento generalizado entre la clase trabajadora, esclavizada, y de tal modo sobrevino la Revolución, en este caso de mexicanos o mestizos contra los criollos –aquellos mismos que un siglo antes había luchado contra el sistema impuesto por sus ancestros.

La Revolución trajo grandes beneficios sociales, acabando finalmente con la esclavitud e incluso con el sistema feudal de las haciendas. Años más tarde se dictó la Reforma Agraria o repartición ejidal y aquellas haciendas se fragmentaron en pequeños predios que pasaron a ser propiedad de los ejidatarios, muchos de ellos antiguos trabajadores de las haciendas mismas. Por ley, el casco y pocas hectáreas se respetaron y quedaron en manos de sus dueños registrados antes del agrarismo. Sin embargo, muchos de ellos habían huido o muerto durante la Revolución, por lo que un buen número de estos cascos de haciendas quedaron abandonados, a merced del vandalismo y, sobre todo, de la destrucción perpetrada por los ahora ejidatarios, posiblemente como consecuencia del odio ancestral que le tenían debido a la subyugación que habían vivido. En muchísimos casos, los lugareños destruyeron las casas grandes o permitieron que gente ajena lo hiciera, incluso llevándose las vigas y la herrería para venderlas por kilo. Lo más irónico es que también acabaron con su fuente de trabajo, con el sistema tan productivo que había distinguido a las haciendas.

Sí, la Revolución trajo grandes beneficios, pero aquellas haciendas tan productivas del pasado dejaron de serlo, por un lado debido a que los nuevos propietarios o ejidatarios renegaron a su herencia laboral, o bien, porque ya no tenían quién los obligara a trabajar de tiempo completo y, además, el gobierno paternalista les ofrecía otro tipo de facilidades y prebendas como manera de ayudarlos a salir de la marginación, demostrándose así, de cierto modo, que el reparto ejidal no había dado resultado. Dicho de otro modo, la herencia de la Revolución trató de proteger a las clases campesinas, pero decapitó la cabeza productiva y cedió las riendas a las manos inexpertas en términos de administración, acabando así con entidades productoras que generaban empleos, industria, pagaban impuestos y, por el contrario, no eran una carga al erario nacional.

El Altiplano: escenario de este trabajo

De acuerdo con la geografía nacional, el Altiplano Mexicano, también conocido como Mesa Central de México o Altiplanicie Mexicana, es una región de mesetas altas y semiáridas que al norte inicia en la frontera con los Estados Unidos, al este limita con la Sierra Madre Oriental, al sur con el Eje Neovolcánico y al oeste con la Sierra Madre Occidental. A la altura del Trópico de Cáncer lo atraviesa un sistema de cadenas montañosas, dividiendo al Altiplano en dos secciones: la del sur con climas templados que se le conoce como Meseta de Anáhuac y la del norte que se caracteriza por su aridez y recibe diversos nombres según la zona geográfica: Bolsón de Mapimí, Desierto de Chihuahua, Semidesierto zacatecano y Altiplano potosino. Es precisamente el Altiplano potosino el área de investigación que ha dado vida a este libro, aunque no sólo se restringe a los 15 municipios que conforman la región Altiplano del estado de San Luis Potosí, sino que se extiende a algunos municipios colindantes de Coahuila, Nuevo León, Tamaulipas y Zacatecas.

Definir a este Altiplano, que tomo como mi área de estudio, en este contexto geográfico tiene como justificación su historia prehispánica, su historia colonial y su cultura, pues a lo largo de los numerosos recorridos que he hecho por toda esta zona he llegado a la conclusión de que este Altiplano tiene una identidad cultural muy bien definida, la cual es algo diferente a la de otras regiones de México.

Desde un punto de vista histórico, basados en el horizonte aridoamericano, el Altiplano es donde naciones mayoritarias prehispánicas, como los huachichiles, coahuiltecos e irritilas, al igual que tribus con menor extensión territorial, como los bocalos, quiniguas, tamasecos, zacatecos y otras muchas, tuvieron su hábitat y desarrollaron sus culturas. Posteriormente, en la época colonial en esta misma región se fundaron grandes haciendas que desconocían límites geopolíticos como existen hoy en día en forma de entidades federativas, haciendas tan extensas que abarcaban, por ejemplo, territorios que hoy en día están en Coahuila, Nuevo León, San Luis Potosí y Zacatecas.

EL PRESENTE DE LOS CASCOS DE LAS HACIENDAS

En la actualidad, 100 años después del estallido de la Revolución, son muy pocos los cascos o casas grandes de aquellas haciendas que se conservan en buenas condiciones. Algunos han sido restaurados por los herederos o por los propietarios actuales, quienes las adquirieron por compraventa para uso recreativo o para fines turísticos; otros se conservan porque la comunidad que creció alrededor no los destruyó o porque tienen propietarios, y la mayoría está si no en el abandono sí en la completa ruina puesto que, adicionalmente, los buscatesoros se han encargado de destruir lo que queda en pie –irónicamente buscando un quimérico tesoro cuando en realidad es lo que están destruyendo.

En el Altiplano existen pocos ejemplos de que la casa grande sea ahora un centro cultural (El Refugio, en Charcas, S.L.P. y La Salinera, en Salinas, S.L.P., aunque ésta no fue hacienda propiamente dicha, sino una fábrica independiente que estuvo en territorios que habían sido de la hacienda de Cruces) o museos (La Corcovada y Peotillos, ambas en Villa Hidalgo, S.L.P.). Ninguna ha sido transformada en hotel u oficinas de gobierno. Hubo dos casos que albergaron la alcaldía de sus municipios (Cruces, en Moctezuma, S.L.P. y San Juan de Salinillas, en Salinas, S.L.P.) y otroque sigue siendo presidencia municipal (El Carro, en Villa González Ortega, Zac.).

EL CONTENIDO DE ESTA OBRA

En 1956, en su libro *Antiguas haciendas de México*, Manuel Romero de Terreros hizo un exhorto sobre la necesidad de realizar un estudio detallado de la arquitectura de las haciendas de campo, dígase propiedad de las órdenes religiosas, o bien, de civiles o cabeceras de mayorazgos. Han pasado más de 60 años desde la publicación de esa obra y lo cierto es que se han hecho pocos estudios al respecto y poco se ha trabajado en la historia de las haciendas. Sin embargo, debo mencionar que cuando se publicó este libro en 2012 había pocas investigaciones históricas en torno a las haciendas, pero ahora, once años después, descubro con beneplácito que hay muchas tesis de maestría y de doctorado que se enfocan en algún aspecto de la historia o la vida en las haciendas. De lo que hay muy poco es sobre la historia oral en torno a las mismas y menos de las leyendas. Sin embargo, cada quien hace lo que puede y de tal manera todos juntos contribuimos a rescatar la riqueza cultural de las haciendas. En mi caso particular, debo aclarar que no soy arquitecto ni historiador, que mi formación académica es la arqueología, pero ahora he llegado a verme como «arqueólogo de la memoria colectiva», es decir, mi interés es la tradición oral.

Para esta segunda edición hice una reestructuración de contenido, agregué cosas nuevas, seleccioné 24 haciendas de las más de 150 que visité, esas que tuvieron su origen en la época virreinal, entre las cuales algunas se fragmentaron con el México independiente y dieron origen a nuevas haciendas que tuvieron un esplendor de 100 años aproximadamente, pues posterior al tiempo de la Revolución se disolvieron con la reforma agraria. (Un segundo tomo de este trabajo se titula precisamente *Haciendas del Altiplano, historia(s) y leyendas. De la Independencia a la Revolución* y abarca ese periodo entre guerras.)

Cada capítulo de la obra está estructurado de la siguiente manera:

- Una ficha informativa general de la hacienda.
- Una descripción arquitectónica y las condiciones del casco hasta 2012, cuando lo visité por última vez.
- Una breve reseña histórica.
- Una sección de fragmentos de historia oral, testimonios y anécdotas.
- Una o dos leyendas que tienen a la hacienda o a su casco como escenario.
- Varias fotografías seleccionadas.

HISTORIAS, ANÉCDOTAS, TESTIMONIOS E HISTORIA ORAL EN LAS EX HACIENDAS

La historia oficial, maquillada y utilizada por los gobiernos para propaganda o inducción nacionalista, se puede concebir como una construcción política de la realidad, como artífice de la memoria histórica. Este tipo de historia oficialista, que alude al concepto de Nación, tiende a soslayar la memoria social y colectiva, y queda documentada para referencias futuras de investigadores que sólo admiten un registro en texto publicado como algo verídico. En cambio, la memoria social y colectiva de cada cultura no suele narrar, necesariamente, este tipo de historia, y tal vez no lo hace porque el impacto político de los eventos no le interesa, o bien, porque carece de dramatismo al tratarse de una historia fría, de fechas, datos, hechos reales o ficcionalizados. Según Maurice Halbwachs, la diferencia entre la memoria histórica y la memoria social reside en el hecho de que la primera tiende a ser un relato aislado, consignado en textos ajenos y distantes a los grupos sociales que refiere, mientras que la segunda está compuesta por recuerdos vivos, comunicados por lo general de manera oral.

Es así que la historia oral, o la expresión de una construcción social de la herencia cultural, es aquella que muchos investigadores e historiadores sólo ven de soslayo. Ésta es la historia que se narra en los pueblos, en las comunidades, que perdura en la memoria colectiva de los habitantes, y perdura porque son ellos mismos quienes transmiten, de generación en generación, sus versiones de esa historia, *su* historia; la transmiten recordándola, adaptándola, interpretándola y, de tal manera, haciendo que evolucione dinámicamente. Aunque sea factible cuestionar cuán veraz pueda ser la historia oral, pues los relatos tienden a enriquecer la anécdota, cambiándole algunos datos, fechas, nombres y más, lo cierto es que, por lo general, la esencia de esa "historia socio-cultural" es la que pervive. Ésta no es la historia documentada ni la que investigan los eruditos y los especialistas, sino la que narran los mismos miembros de un grupo social, de una comunidad quienes, a través de sus recuentos, reconstruyen su propia realidad histórica y social, su cultura, su identidad. Por decirlo de otro modo, la historia oral se puede definir como una entidad viva más que inerte porque no ha sido manipulada conscientemente.

En lo que concierne a las haciendas, hay muchos casos cuya historia documentada es inexistente porque los archivos fueron destruidos o están perdidos. Sin embargo, gracias a la tradición oral podemos reconstruir algunos pasajes históricos, aunque los fragmentos sean interpretaciones o versiones personales de un narrador y puedan contener errores de fechas o de nombres. Gracias a la oralidad podemos conocer un poco más de aquellos lugares que dieron origen a comunidades y pueblos, gracias a ella tenemos la oportunidad de imaginar cómo se vivía en el pasado. Gracias a ella, incluso nosotros mismos seguimos contando las historias de antaño.

Homero Adame
SMA, Guanajuato

ALBARCONES

Ubicación: Albercones, municipio de Doctor Arroyo, Nuevo León.
Distancias: 340 km de Monterrey.
                    8 km al suroeste de la cabecera municipal.
Giro económico: Agrícola y ganadero, ixtlero.

Nota: Algunos textos y mapas la escriben como Albercones, mientras que en documentos antiguos se escribía con v, Alvarcones. Se dice que el nombre de Albarcones se refiere a extensión (¿de abarcar?), mientras que Albercones haría referencia a la existencia de albercas o pozas, lo cual es poco probable porque esta región es muy árida y no había muchos aguajes.

Descripción arquitectónica y condiciones hasta 2012

Las ruinas no permiten saber cómo fue la tipología del casco. El conjunto de la casa grande

se ubicaba en la cima de un cerro y sólo quedan algunos vestigios. Lo más llamativo es la enorme construcción de piedra que fue la iglesia dedicada a la Virgen de la Concepción o a Miguel Arcángel. Su fachada presenta un remate neoclásico de adobe; tres arcos donde seguramente estuvieron las campanas; el marco de la ventana coral, y el vano la puerta, tal vez rectangular. El interior tenía una sola nave. Parece haber sido de estilo neoclásico, quizá sombrío y austero.

El antiguo cementerio quedó bajo los escombros y como vestigios solamente se ve un montículo. (En la parroquia de Aramberri existe un libro de 1817 con las actas de defunciones, pero se encuentra en tan malas condiciones que prácticamente imposible consultarlo.)

En los alrededores, abajo del cerro, quedan reminiscencias de murallas, pero no hay rastros visibles de trojes o establos. Es posible que los habitantes actuales de la comunidad hayan utilizado el material de las ruinas para levantar sus casas.

Reseña histórica

1683: El 27 de marzo, Fernando Sánchez de Zamora, originario de San Luis Potosí y alcalde de Río Blanco (hoy Galeana), expide una solicitud de merced en el sitio conocido como Albarcones por 50 sitios –30 de ganado menor y 20 de ganado mayor–, además de ocho caballerías de tierra.

» » El 28 de noviembre, se concede una merced a Fernando Sánchez de Zamora. (Algunas fuentes aluden que fue un obsequio de Gregorio Salinas Barona).

1702: El propietario del puesto de Albarcones es Fernando Sánchez de Zamora, hijo.

17–: Nace en esta hacienda Cosme Aramberri, quien años más tarde sería administrador de la misma y promotor de la creación del municipio de Doctor Arroyo.

1748: Tal vez la primera mención como hacienda sea en este año cuando se señala que los agostaderos de la hacienda de Amoles colindaban con la hacienda de San Agustín de los Albercones, ubicada en la jurisdicción del Nuevo Reino de León. Es posible que sea una errata, pues el nombre correcto de Amoles era San Agustín de los Amoles.

Siglo XVIII: uno de sus propietarios, si no el fundador de esta hacienda, fue Diego de Rul y Calero, el 1er conde de Rul.

1810: En diciembre se da un levantamiento insurgente en Albarcones, donde ya habían llegado las noticias del conflicto armado iniciado por Miguel Hidalgo. Mucha gente se entusiasmó y esperó con ansiedad el momento para unirse a algún ejército, lo cual se dio días más tarde, cuando Mariano Jiménez había llegado a Matehuala. Según una fuente, el administrador de Albarcones envió numerosa caballada, al igual que armas, para de tal modo apoyar al ejército de Mariano Jiménez que estaba en Matehuala.

1811: En mayo, muere Diego de Rul durante una batalla insurgente, su esposa María Ignacia Obregón Barrera heredó esta y otras haciendas que dejó en manos de administradores hasta su muerte en 1828.

1825: Las fuentes históricas de Doctor Arroyo mencionan que a principios de este año, un grupo de vecinos se reunió en la hacienda de La Soledad para solicitar al H. Congreso la expropiación de terrenos pertenecientes a la hacienda de Albarcones con el propósito de fundar un nuevo pueblo, el cual sería Doctor Arroyo. El litigio concluyó el 3 de mayo, gracias al apoyo de Cosme Aramberri, quien había sido administrador de la hacienda, y con la aceptación del congreso, el cual concedió los territorios conocidos como el Tanque de Albarcones.

» »   De acuerdo con un censo, en 1825 la hacienda de Albarcones tenía una población superior a los 1,000 habitantes, mientras que Matehuala no sobrepasaba los 700.

18–:   Francisca de Paula Pérez Gálvez, hermana del 2do conde de Pérez Gálvez, es dueña de esta hacienda. Se sabe que ella había heredado la hacienda de Guanamé (en Venado, S.L.P.) de su hermano, junto con otras haciendas, incluyendo La Soledad (en el municipio de Aramberri). A su muerte, heredó todos sus bienes a su sobrino Miguel Rul.

18–:   La familia Loreto de la Canal (emparentada con el conde de la casa Rul) es dueña de Albarcones y de La Soledad tras adquirírselas a Miguel Rul. Aunque tenían mucho poder político, perdieron tierras cuando se fundó el municipio de Mier y Noriega.

1837:   El apoderado de Albarcones es Manuel Fernández Palos, quien tuvo problemas con Miguel Lázaro Alardín porque éste trataba de expropiar terrenos de la hacienda para fundar el pueblo de Bocacil. No logró su propósito original, pero sí fundó el pueblo dentro de la jurisdicción de Aramberri, expropiando terrenos a La Soledad (hacia el noreste, en un punto ahora conocido como Hoya de Bocacil).

1849:   Se da una disputa entre las haciendas de San Agustín de los Amoles (ahora en Guadalcázar, S.L.P.) y la de Albarcones por territorios que posteriormente quedaron para Mier y Noriega cuando se fundó este municipio.

1862-1867: Durante la Intervención Francesa, Ascensión Ríos adquiere la hacienda a un precio muy bajo; él acuñaba monedas en Doctor Arroyo. A finales del siglo XIX prometió bajar el agua desde un manantial hasta la cabecera municipal.

1865:   El 9 de diciembre, Ascensión Ríos es atacado y aprehendido por Escobar y Reyna en Albarcones. Esa misma noche, el prefecto político Zeferino Flores salió con 200 franceses para el Valle de Concepción.

Siglo XX: Con el transcurso del tiempo hubo otro tipo de denuncias que disminuyeron la extensión territorial de la hacienda de Albarcones. Fue así como Juan Pérez Gloria, un viejo cacique del sur, compró muchas propiedades entre las subdivisiones que se hicieron de la hacienda.

19–:   Con la Reforma Agraria la hacienda quedó dividida en tierras ejidales y sólo se respetó el predio donde estuvo el casco, sin que alguien lo haya reclamado como herencia.

» »   Entre 1900 y 1921, los censos de población mencionaban a este lugar como rancho y el número de habitantes decreció de 564 a 321. En 1930 se le consideraba congregación y a partir de 1940, ejido.

HISTORIAS, ANÉCDOTAS, TESTIMONIOS E HISTORIA ORAL

1. Cuando llegaron los misioneros a estas tierras encontraron mucha resistencia por parte de los nativos huachichiles, quienes no se dejaron adoctrinar. Aquéllos reprobaban la forma de vida de los naturales, y más sus creencias. Afirmaban que todo lo que hacían era cosa del demonio y que sus prácticas rituales no eran más que brujería. Incluso hoy en día, la fama de Albarcones trasciende por sus brujas, quienes, se dice, aprendieron las artes de sus ancestros.

2. En lo que ahora es el sur de Nuevo León hubo muchos ataques indígenas, principalmente de los xanambres (una numerosa y muy belicosa tribu que tenía asiento en Jaumave, Tamps.), quienes reiteradamente asaltaban Albarcones y otras haciendas.

3. Algunas personas recuerdan que los ancianos contaban que hace muchos años hubo una epidemia de viruela que casi acabó con la población de Albarcones, tanto por los muertos como por la gente que decidió huir, incluyendo los hacendados (o más bien, los

apoderados de éstos). Este recuerdo parece sustentarse en un dato histórico relacionado con una epidemia de viruela que azotó en el entonces Nuevo Reino de León, a finales del siglo XVIII. Asimismo, se dice que en aquel tiempo hubo una baja considerable de mano de obra, lo cual afectó la productividad de la hacienda.

4. Se cuenta que en 1810, los indígenas mecos de Nahola, Tamps. huyeron de Tula, pasaron por Albarcones y cuando se unieron al ejército insurgente en Matehuala fueron recibidos con gran algarabía.

5. Un hijo del hacendado (sin que se precisen nombres ni fechas) tenía gran afición por la cacería e invitaba a sus amigos para cazar venados y jabalíes. En cierta ocasión, uno de los amigos resultó muerto por bala. Nunca se supo quién fue el que disparó, pero se dijo que fue un accidente.

6. Máximo Escobar era el administrador de Albarcones durante el periodo de Loreto de la Canal. Esta familia tenía, aparte del control absoluto sobre la producción agrícola y ganadera, el control político en la región. Cuando empezaron los litigios para expropiar tierras de Albarcones, Máximo Escobar se opuso ferozmente y, para evitar que prosperara el litigio, contrató a varios matones que sin piedad asesinaron a mucha gente, incluso durante un periodo electoral.

7. Ascensión Ríos, cuando en 1867 adquirió la hacienda a un precio muy bajo, prometió construir un canal o un acueducto de 4 o 5 km para bajar el agua desde un manantial hasta la cabecera municipal. Nunca concluyó el proyecto.

LEYENDA

LA VIRGEN DE LA PURÍSIMA CONCEPCIÓN Y LAS BRUJAS

Cuentan que la hacienda de Albarcones era tan pero tan rica que abarcaba todo lo que es ahora el municipio de Doctor Arroyo y todo el sur de Nuevo León, además de partes de Tamaulipas y de San Luis Potosí; así de grande era esa hacienda. En la capilla de allá estaba la Virgen de la Concepción, que trajeron los dueños desde España, pues ellos eran gachupines. Pero en aquellos años había muchos indios, de esos mentados huachichiles, y ellos sabían muchas cosas de la brujería. Los sacerdotes trataban de enseñarles la religión cristiana, pero los huachichiles no se dejaban enseñar y seguían con sus cosas. Las brujas que hay ahora en Albarcones aprendieron de sus antepasados, los huachichiles, pero ese es otro cuento.

Resulta que hubo un tiempo en que la hacienda y todos los alrededores ya estaban infestados de tanta bruja, y para entonces Doctor Arroyo ya era un pueblo pequeño con una capillita. Como había sacerdotes aquí, ellos ponían protecciones contra las brujas y ellas no se atrevían a venir para acá. Entonces cuentan que la Virgen de la Purísima Concepción un día se hartó de tanta brujería en Albarcones y mejor decidió venirse a radicar a Doctor Arroyo. Supuestamente se vino caminando ella sola desde allá. La gente de Albarcones se asustó y mandaron avisar al hacendado que la imagen de la virgen se había ido, pero el hacendado tenía otras tierras y como nunca venía a la hacienda, ni caso les hizo a los trabajadores.

Por acá platican que eso de que la virgen haya decidido cambiar su residencia a otro lugar hizo que Albarcones se fuera a la ruina. La gente se fue y ahora la hacienda es pura ruina —vaya a conocerla para que vea que sí es pura ruina. Desde entonces, Doctor Arroyo es un pueblo que sigue creciendo y Albarcones es apenas una comunidad, y eso porque acá está protegido por la Virgen de la Purísima Concepción contra los conjuros de las brujas, porque brujas sigue habiendo muchas en Albarcones.

Gustavo García, de Doctor Arroyo 

BOCAS

Nombre original:	Bocas de Maticoya
Ubicación:	Bocas, municipio de San Luis Potosí, S.L.P.
Distancias:	40 km noroeste de la cabecera municipal.
Giro económico:	Minero, agrícola y ganadero, mezcalero.

Nota: Aunque el casco de esta hacienda se ubica en el municipio de San Luis Potosí, al cual no se le considera como parte del Altiplano potosino, sí se toma en cuenta para este trabajo de haciendas del Altiplano, dado que en algún tiempo abarcó territorios que ahora pertenecen a Villa de Arista, Moctezuma y Venado, tres municipios altiplanenses.

Descripción arquitectónica y condiciones hasta 2012

El conjunto arquitectónico del casco tenía aspecto de aldea con la casa grande, plaza al frente, iglesia, casas de trabajadores y trojes.
Todo en general está en buen estado. La casa grande, al poniente de la plaza, ha sido renovada y se ve en magníficas condiciones en su parte exterior. Sobresale una caseta de vigilancia en la esquina noreste, testigo de la época cuando estaba fortificada. La casa es de uso vacacional de sus dueños, la familia García Collantes, quienes utilizan varias habitaciones restauradas, incluyendo una segunda planta con terraza de ladrillo que mira hacia el poniente. Hay un huerto, también de ellos. Partes renovadas de esta finca son de uso comunitario.

Al norte de la plaza había otras huertas; ahora en los predios existen construcciones modernas y campos de cultivo. Al oriente se encuentran varias trojes, abandonadas pero aún sólidas, y antiguas casas de los trabajadores, cuyas fachadas también fueron restauradas, dándole al entorno un aspecto armónico.

Un poco alejado, igual hacia el oriente, estuvo la fábrica de mezcal que dejó de laborar hace algunas décadas. Aunque la construcción no ha sido renovada sigue en buenas condiciones. En su interior se conserva la maquinaria.

En la parte sur se ubica el santuario dedicado a la Virgen de Guadalupe, de uso comunitario, convertido en parroquia el 3 de junio de 1983. Éste presenta dos campanarios simétricos. Es muy espacioso en su interior, cuya nave es tipo cruz latina con decorados neoclásicos de cantera rosa. Hay frescos alusivos a la aparición de la Virgen de Guadalupe a Juan Diego (tienen una mezcla extraña de personajes, incluyendo a Josefa Ortiz de Domínguez).

A un lado se encuentra una capilla dedicada a Cristo Rey; era de uso exclusivo de los hacendados, según se dice. Por su estructura, parece haber sido una troje. La puerta de acceso tiene un arco de cantera estilo apuntado lobulado. En algún tiempo, en ese lugar estuvo una escuela y luego fue salón de bailes hasta que se retomó como templo.

Reseña histórica

1562: Pedro de Ahumada Sámano funda un presidio que se extendía hasta la hacienda de Espíritu Santo, propiedad del capitán Gabriel Ortiz de Fuenmayor.

1588: Se establece el Fuerte de las Bocas de Maticoya como protección contra las incursiones de huachichiles que no firmaron la Paz Chichimeca. Andrés Fonseca fue el primer "Maestro labrador" asignado para enseñar a los nativos a labrar la tierra.

15–: Gabriel Ortiz de Fuenmayor funda la hacienda en la carbonera de su propiedad y la nombra Bocas de Maticoya. De origen español, fue teniente de Miguel Caldera en la pacificación de la Gran Chichimeca. A la muerte de Caldera, el virrey Conde de Monterrey en diciembre de 1597 nombró a Ortiz de Fuenmayor Justicia Mayor del Pueblo de San Luis Minas del Potosí. Fue dueño de minas en Charcas y Guadalcázar y de haciendas como la de Bledos y la de Espíritu Santo.

1591: Algunas fuentes afirman que la historia de la hacienda comienza este año con la emigración tlaxcalteca bajo el mando de Buenaventura de Paz, nieto de Xicoténcatl.

1617: Fallece Gabriel Ortiz de Fuenmayor en su hacienda de Espíritu Santo. En su testamento dejó todos sus bienes a su sobrina Inés de Fuenmayor.

1631: María de Medina es la dueña y la tiene registrada como hacienda de beneficio. Posiblemente ella heredó sus bienes a su hermano Juan Pérez-Caballero Medina-Corona.

1674: Juan Pérez-Caballero Medina-Corona anota en su testamento ser dueño de la hacienda de Bocas y de la de Santa Ana, en San Luis Potosí.

1675-: Fallece Juan Pérez-Caballero Medina-Corona en Querétaro y hereda a su hijo el presbítero Juan Caballero y Osio (1643-1707) la hacienda de Bocas de Maticoya. Éste le cambia el nombre por el de Bocas de Caballero, aunque algunas fuentes citan que seguían llamándole por su nombre original, o bien, como Bocas de Baticolla.

Juan Caballero y Osio

Siglo XVIII: Se menciona que a principios del siglo, las haciendas de Bocas y Las Cruces pertenecían al marqués de Rivas Cacho, quien las cedió, en 1725, al Dr. José de Torres y Vergara, abogado de la Real Audiencia de México y fundador de una obra pía con tres objetivos principales: un tercio de su producto se destinaría a las limosnas y dotes de religiosas "detenidas" en los conventos de la Ciudad de México, otro tercio para los parientes del fundador hasta el cuarto grado y el último para los patrones y administradores. Ambas haciendas conformaban un patronato laico que posteriormente heredó José María Sánchez y Mora, 2do conde del Peñasco, como descendiente de Bernarda de Torres y Vergara, hermana del citado doctor.

» » *Nota:* El título nobiliario de marqués de Rivas Cacho fue creado en 1764 por el rey Carlos III de España a favor del coronel Manuel de Rivas-Cacho Vega-Herrera, nacido en 1865, en Peñacastillo, Cantabria y muerto en 1768, en la ciudad de México.

1765: Francisco Espinosa y Navarixo es el propietario. No hay más datos de él.

1808: Bocas es una finca básicamente ganadera. Vendía lana, pieles y cebo directamente a la Ciudad de México.

1810: Cuando la Nueva España se perturbó con la rebelión insurgente comandada por Miguel Hidalgo, en Venado se organizó un batallón de infantería llamado "Los tamarindos" que se adhirió a las fuerzas lideradas por Juan Nepomuceno de Oviedo, quien era administrador de la hacienda de Bocas y estaba incorporado al ejército realista del brigadier Félix María Calleja en su campaña contra los insurgentes.

1824: Se forma el estado de San Luis Potosí, la ciudad se convirtió en su capital y la hacienda de Bocas quedó adentro de los territorios municipales, aunque una porción de terreno fue asignada al municipio de Pinos, Zacatecas. El dueño entonces seguía siendo el conde del Peñasco.

1844: El 2 de octubre, José María Sánchez y Mora vende sus haciendas a Juan de Dios Pérez-Gálvez, 2do conde de Pérez-Gálvez, cuya hermana y heredera, Francisca de Paula Pérez-Gálvez se vio obligada a dividir las 73,000 has por problemas con el naciente municipio de Ahualulco, cuya cabecera había sido un rancho de Bocas de Maticoya. El litigio se ventiló ante las autoridades del imperio de Maximiliano, alrededor de 1865.

1869: Miguel Rul siendo el dueño divide la hacienda en tres partes: Bocas, San Antonio de

Bocas (posteriormente llamada San Antonio de Rul, ahora en el municipio de Moctezuma) y Rancho de Bocas (ahora conocido como Vallumbroso, en el municipio de Ahualulco).

1870: Los hermanos Francisco y Agustín Farías compran el casco y los territorios restantes de la hacienda. Ellos construyeron el mirador trasero o terraza en fechas de la inauguración de la estación de tren de la ruta México-Laredo. Treinta años después, Juan Farías, hijo de Agustín, vendió la hacienda a los hermanos Antonio, Genaro y Jesús García, quienes sólo pudieron conservar la casa grande y la huerta adyacente tras la Reforma Agraria. Posteriormente, don Jesús la heredó a sus propietarios actuales, la familia García Collantes.

1871: El 1° de junio, un decreto del gobierno ordena que las tierras de la hacienda de Bocas que se extienden al municipio de Villa de Arista sean consideradas parte de éste y no del municipio de San Luis Potosí.

Notas:

1. Por su historia y ubicación geográfica, Bocas de Maticoya, Guanamé, Las Cruces y Peñasco son como un cuarteto en los anales de las haciendas potosinas y del Altiplano.

2. Los Pérez Gálvez y sucesores tuvieron el tino de llevar un registro de actividades en Bocas de Maticoya, por lo que a partir de 1845, la información es completa y continua. Es por ello que ésta es de las haciendas mejor documentadas en el estado de San Luis Potosí.

3. En su diario escrito entre 1819 y 1873, Agustín Soberón y Sagredo cita reiteradamente la hacienda de Bocas como parte del camino real de Charcas a San Luis Potosí. Las diligencias hacían una parada en Bocas para descanso de los pasajeros y remuda de caballos.

HISTORIAS, ANÉCDOTAS, TESTIMONIOS E HISTORIA ORAL

1. La ruta de la plata también era conocida por los conquistadores como "La ruta del infierno" debido a las numerosas emboscadas huachichiles que terminaban en masacres. En

el trayecto por el Altiplano, que era ruta alterna de la plata, se instalaron varios fuertes, como el de Bocas de Maticoya, Labor de la Cruz, La Poblazón (que era una iglesia-fuerte) y Mazapil.

2. Se cuenta que contener a los huachichiles fue tarea casi imposible, pues no se dejaron adoctrinar ni esclavizar para ser obligados a trabajar en las haciendas. Ellos quemaron varias veces las trojes de Bocas, aunque poco se aproximaban al asentamiento hispano; más bien robaban ganado de los corrales distantes.

3. La creación del municipio de Ahualulco provocó conflictos entre los estados de San Luis Potosí y de Zacatecas, sobre todo con los propietarios de Bocas, pues tierras de éstos fueron expropiadas para tal propósito. Eso ocurrió entre 1825 y 1833. Años después, en 1846, un levantamiento armado se suscitó cuando la hacienda fue vendida a nuevos dueños, quienes trataron de expulsar a las familias que habitaban en los alrededores de la misma.

4. En algún momento del siglo XIX se expandió la producción de mezcal en esta hacienda. Para abastecer la demanda del mercado, compraban el maguey a los campesinos que lo cortaban en otros lugares. Dado que la calidad del maguey difería de un lugar a otro, en la fábrica separaban las piñas.

5. José María Sánchez Mora tenía un museo de curiosidades naturales y artísticas en esta hacienda. A su muerte, la colección fue rematada al mejor postor, en septiembre de 1846, sin que se sepa dónde esté ahora.

6. Cuando llegaban los familiares del hacendado u otras visitas importantes, una banda de música los esperaba en la estación tren. Posteriormente, durante la estancia de aquéllos, se organizaba un baile con orquesta en los jardines de la casa grande.

7. En la época de la Revolución, era frecuente que por el casco de esta hacienda pasaran las tropas antagónicas. Hubo combates en la estación de tren, pero pocos asaltos a la casa grande o a las trojes, pues todo el casco estaba muy bien custodiado por los guardias empleados de la hacienda.

Leyenda

Un tesoro entre el cerro de la Cruz y el cerro del Fraile

De leyendas que yo sepa de acá de la hacienda, pues qué le diré… Mire, no sé si sea leyenda o cosas de la historia, pero por estos rumbos se platica mucho de un tesoro que los bandidos de la Revolución escondieron entre el cerro de la Cruz y el cerro del Fraile. Yo sé que mucha gente ha venido a buscar ese tesoro, pero nadie ha encontrado más que puras monedas, unas de oro y casi todas de cobre. Yo, una vez que andaba con las chivas en el monte, me hallé una moneda de mil ochocientos y tanto, pero era como cuartilla de cobre. También he hallado caritas antiguas de barro que, creo yo, las han de haber hecho los indios de antes de que acá fuera hacienda. Entiendo que esas cuartillas de cobre las hacían aquí en la hacienda para pagarles a los peones y *nomás* las podían cambiar en la tienda de raya porque no valían en otras partes.

Eso del tesoro son las pláticas, ¿no? Es que parece que cuando la Revolución los hacendados metieron sus cosas de valor en varios cajones y los mandaron a San Luis en varias cargas y por varios rumbos, o sea que mandaron recuas cargadas por diferentes caminos. Entonces parece que los gavilleros le dieron alcance a una recua que iba a San Luis por el camino a Peñasco y se robaron la carga que luego fueron a esconder entre esos dos cerros, el de la Cruz y el del Fraile. La verdad quién sabe si sea cierto eso, pero acá sabemos que viene gente con aparato y cuanta cosa a buscar ese tesoro, pero nadie ha hallado más que monedas tiradas por ahí; que yo sepa nadie ha hallado el cajón completo.

Pedro Pérez de la Chora

Juan Farías, Paz Barajas e hija, en el mirador de Bocas
Obra de Antonio Becerra Díaz, 1896

CARBONERA

Ubicación: La Carbonera, municipio de Matehuala, S.L.P.
Distancias: 190 km de la capital del estado.
                      8 km al norte de la cabecera municipal.
Giro económico: Producción de carbón vegetal, agrícola y cría de ganado menor.

Descripción arquitectónica y condiciones hasta 2012

El casco de esta hacienda estaba comprendido por dos conjuntos principales: la casa grande, al oriente, y las casas de los trabajadores, al norte, aunque había también algunas trojes aisladas hacia el norte. El primer conjunto tenía trojes integradas, en el costado sur, así como las habitaciones de la servidumbre. La casa principal era de dos niveles. Los muros de las fachadas se ven muy sólidos; son de cuarterón con rodapié de piedra, y tienen contrafuertes. Tales fachadas ofrecen varias lecturas arquitectónicas, pues tuvieron arcos rebajados que en cierto momento fueron tapiados para dar paso a puertas y ventanas rectangulares, enmarcadas con cuarterón, haciendo las veces de cantera blanca. No quedan indicios de dinteles, si acaso los hubo. En el costado norte está la capilla dedicada a Nuestra Señora del Refugio.

En la actualidad, partes de la casa grande han sido rehabilitadas para uso habitacional. A un costado de la capilla hay dos construcciones muy simples, de adobe, que posiblemente reemplazaron cuartos de la casa grande original. Asimismo, algunas trojes del segundo conjunto, el del norte, han sido adaptadas como casa-habitación, aprovechando las fachadas y respetando el sobrio estilo, pero con aspectos decorativos propios de una supuesta modernidad, como añadiduras con material de block para darles uso de cocheras. Por su parte, la capilla sigue en pie y es de uso comunitario; presenta un campanario burdo, construido en años recientes.

Cabe añadir que a 6 km de Matehuala, sobre la carretera a Doctor Arrollo, N.L., están las ruinas de la "hacienda del administrador", mejor conocida como Cerrito Blanco. Esta construcción era parte de Carbonera. Por algunos años fue la casa principal de Zeferino Flores, cuando éste era administrador de la hacienda y prominente político en Matehuala.

Reseña histórica

1683: De este año son las crónicas más antiguas con el capitán Francisco del Toro que habitaba el puesto de Las Carboneras.

1711: Nicolás de Mancilla recibe una merced por parte del gobernador del Nuevo Reino de León y tal merced incluye Las Carboneras, al nororiente de Matehuala.

1738: Antonio Fernández Vallejo es mencionado como propietario de La Carbonera era. Es posible que él la haya fundado como hacienda.

1800: Juan José Mora y Luna Pérez-Calderón (1759-1805), 2do conde del Peñasco es el dueño de Carbonera y otras haciendas en el Altiplano: Bocas, Cruces, Guanamé y Laguna Seca.

1811: En junio, el cura de Matehuala, José María Semper, reunió a un grupo de hombres en Carbonera para hacerle frente a Bernardo Gómez de Lara, *el Huacal*, quien lideraba a un nutrido ejército de indígenas insurgentes, provenientes de la región de Tula, Tamps. (No se especifica a qué tribu o clan pertenecían esos "indígenas", pero es de suponerse que eran los mecos mencionados en la reseña histórica de la hacienda de Albarcones.)

18–:   No se sabe con certeza cuándo Antonio Elorza compró parte de Carbonera. Él era dueño de Elorza, una hacienda ubicada en el municipio de Charcas. Tal vez las "partes" de Carbonera eran hacia el norte, donde se encuentra Cruz de Elorza, ahora en el municipio de Doctor Arroyo, N.L. En su testamento, don Antonio heredó sus tierras a Sabina Elorza.

18–:   Sabina Elorza deja hereda a Antonia y Eusebio Prieto los territorios de esta hacienda.

1850:   Santos Sainz de la Maza y Ezquerra (1811-1873) es el dueño de Carbonera. Una fuente cita que este

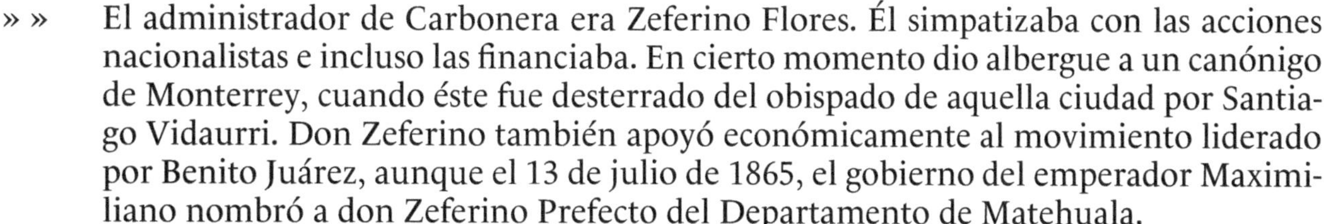

Cruz de Elorza

acaudalado comerciante de Real de Catorce la adquirió a los herederos de Elorza, en 1850, y que en 1856 les compró a los señores Prieto la otra parte de la hacienda. En ese tiempo, ya como dueño, Santos de la Maza le cambió el nombre por La Trinidad.

» »   El administrador de Carbonera era Zeferino Flores. Él simpatizaba con las acciones nacionalistas e incluso las financiaba. En cierto momento dio albergue a un canónigo de Monterrey, cuando éste fue desterrado del obispado de aquella ciudad por Santiago Vidaurri. Don Zeferino también apoyó económicamente al movimiento liderado por Benito Juárez, aunque el 13 de julio de 1865, el gobierno del emperador Maximiliano nombró a don Zeferino Prefecto del Departamento de Matehuala.

1859:   El 11 de diciembre, una partida de ladrones a caballo y a pie asalta la casa grande de la hacienda, llevándose los caballos del administrador y los de don Santos y don Pedro de la Maza. Una partida de tropa salió a perseguir a los ladrones, sin poderles dar alcance después de siete leguas.

1861:   El 10 de enero, Zeferino Flores ofrece un día de campo en su casa ubicada en el Cerrito Blanco, donde se reunieron varias familias acaudaladas de Matehuala, Cedral y Real de Catorce. Una versión dice que el convite se vio interrumpido por una discusión que tuvo el anfitrión con

Santos de la Maza, pues aquél apoyaba al ejército y las acciones nacionalistas promovidas por Benito Juárez. Otra versión señala que el altercado fue entre Emeterio Lavín y Pedro de la Maza.

1863:   El 28 de diciembre, llega a Matehuala Benito Juárez con sus ministros. El coronel Baigén se hizo cargo de los preparativos y alojó a Juárez en casa de Zeferino Flores.

1865-1867:   Por Carbonera transitaron tropas antagónicas, las liberales de Juárez y las conservadoras de Maximiliano. Un ejemplo es un enfrentamiento que hubo el 8 de junio de 1865. Ese día Agustín Flores, el administrador de Carbonera, llegó a Matehuala para dar aviso de la presencia de una caballería de federales con 200 hombres. El capitán francés Barutel fue hacia allá con un escuadrón conformado por franceses, mexicanos y rurales y se dio el enfrentamiento, en el cual murió el capitán Fischer.

1871: El 26 de octubre, una partida de 15 hombres secuestra al administrador Saturnino Ortiz, liberándolo dos días más tarde tras el pago de 50 pesos.

1873: Fallece Santos de la Maza en Utrera, España, país del que era originario. Heredó todos sus bienes a sus dos hijos, Gregorio y Marciala Sainz de la Maza y Gómez de la Puente. Ella se quedó con las propiedades en España y Gregorio con los patrimonios en México, incluyendo la hacienda Carbonera. (En la parte superior de un contra-fuerte de la casa grande hay una placa labrada que dice: "La Trinidad" y el nombre de Gregorio de la Maza. Él fue un rico minero y poeta nacido en Real de Catorce y uno de los constructores del famoso túnel Ogarrio, bautizado así en memoria del pueblo español donde había nacido su padre. Se desconoce a qué haga alusión "La Trinidad".)

1880: Por estos años, el mineral de Real de Catorce sufrió una debacle que trajo crisis a toda esta región del Altiplano; hubo abandono casi generalizado. La economía de Matehuala, Cedral y de otras poblaciones subsistió gracias a las haciendas agrícolas en los alrededores, tales como Carbonera, El Mezquite, El Sotol, Las Maravillas, La Pastoriza, San José de Ipoa, San Pablo. Se desconoce a quién vendió Gregorio de la Maza las haciendas.

Siglo XX: Las guerras a principios de este siglo –Revolución y cedillista–, golpearon la economía de la hacienda y a sus dueños, quienes hayan sido. Después, con la Reforma Agraria, Carbonera quedó fragmentada en muchas propiedades ejidales. Del casco y otras partes de la casa grande no se sabe quién sea el legítimo propietario.

HISTORIAS, ANÉCDOTAS, TESTIMONIOS E HISTORIA ORAL

1. Dice la voz popular que el caserón en el Cerrito Blanco era un "castillo" que el rico hacendado mandó construir, cuando en realidad se trataba de la casa del administrador de la hacienda. Sin embargo, otras personas cuentan que era una hacienda independiente que perteneció a Zeferino Flores. Se dice que este hombre fue quien construyó muchos de los túneles que conectan las haciendas con Matehuala.

2. Se dice que Santos de la Maza compró esta hacienda más por orgullo que por interés económico, pues él quería tener 100 haciendas para así poder recibir el título de conde. En aquel tiempo ya era dueño de La Pastoriza y también San Juan de Vanegas; como ésta tenía 99 estancias o ranchos, al adquirir Carbonera superaba las supuestas 100 haciendas.

3. Cuando Santos de la Maza compró Carbonera, no le resultó ser buen negocio para conseguir el título de conde (por aquellos años, los títulos nobiliarios ya eran inexistentes en México). Por tal razón, en los títulos de propiedad puso que el dueño era su hijo, Gregorio de la Maza.

4. Hubo aquí muchas tahonas que servían para triturar el carbón o las rocas con metal. Nadie sabe qué sucedió con ellas; creen que se las llevaron a otras haciendas de beneficio.

5. Cuentan que en cierta ocasión despareció un trabajador de la hacienda y no daban con su paradero. Luego de dos o tres días, la gente advirtió que los zopilotes sobrevolaban en algún punto al sur del poblado y fueron a investigar. Fue así como descubrieron el cadáver

del hombre en el fondo de una joya. Las autoridades de Matehuala hicieron las averiguaciones pertinentes y dictaminaron que el trabajador había caído accidentalmente al pozo.

6. Cuando llegó la Revolución a estos rumbos, y tras enterarse de las atrocidades que hacían los revolucionarios, los hombres de la hacienda decidieron que durante los días de peligro inminente las mujeres y los niños se refugiaran en las cuevas que hay en la sierra al oriente. Todos los días los hombres se turnaban para llevarles agua y alimento.

}Leyenda

RIQUEZAS Y ESPANTOS EN EL TÚNEL

Aquí la hacienda está hecha de cuarterón y abajo hay como un túnel también hecho de cuarterón. Dicen los que lo han visto que es un túnel muy grande donde pasa una persona a caballo o pasan mulas cargadas. Así de ancho está. Y ahí también dicen que salen muchos espantos.

Una vez, a un muchacho, que era un promotor, le rentaron esos cuartos que están junto a la casa vieja y luego él dijo que una noche le salió un espanto, algo así como un mono. Lo vio al mono parado en el zaguán. Y el muchacho promotor se asustó porque vio ese espanto. Y luego decía que en una ventana que estaba junto a la casa ahí le tocaban mucho, que no lo dejaban dormir porque toda la noche estaban tocando la ventana.

Una noche agarró valentía y salió a ver qué era y, no me va a creer, pero dijo que eran así como dos ánimas chocarreras de esas que andan penando porque las vio como dos mujeres vestidas con puros trapos, pero que no estaban siquiera pisando el suelo. Pero tampoco les vio la cara porque andaban como cubiertas –pues sería con el reboso o con el chal. Entonces, pues él ahí sí que se asustó en serio, se metió al cuarto y se metió a la cama y se cubrió todito porque no quería ya ni ver lo que estaba sucediendo.

Ese promotor tiempo después se fue y luego ahí dieron permiso para que un señor escarbara. Quién sabe si habrá sacado dinero, pero ese señor dio con el túnel. Dicen que ese túnel va hasta Matehuala. Según cuenta la gente, adentro de ese túnel hay como unas bolsas de gas y también hay muchas cosas antiguas: las ataduras de caballo, muchas bolsas, unas

bolsas son así como de toro –será de la tripa o de la vejiga del toro–, pero son bolsas grandes que están llenas no saben si de dinero o de joyas. Y eso es lo que dicen que hay en ese túnel, pero pues como también sabemos que hay bolsas de gas entonces nadie se quiere meter porque nadie se quiere envenenar. Es que uno sabe que cuando alguien saca un tesoro no lo disfruta porque termina muriéndose.

Sra. María Rojas

VENDO

CEDROS

Nombre original: San Juan Bautista de Cedros
Ubicación: CEDROS, municipio de MAZAPIL, ZAC.
Distancias: 310 km de la capital del estado.
23 km al poniente de la cabecera municipal.
Giro económico: Fue una hacienda mixta, aunque al parecer en este caso los giros fueron cambiando o integrándose a través del tiempo. Al principio era agrícola y ganadera; luego se integró la vitivinicultura y la minería. En algún momento fue ixtlera. Posteriormente se convirtió en hacienda guayulera por decisión de los dueños norteamericanos, quienes también le devolvieron la fama de vinatera.

Descripción arquitectónica y condiciones hasta 2012

El casco de esta hacienda tenía la estructura de una aldea con su plaza al centro. Tan así que alrededor de él creció un pueblo y sigue así en la actualidad.

Al norte: la fábrica de vinos; en la actualidad, los cuartos son casa-habitación de algunas familias. En ese sector hay una parte que, al parecer, está en reconstrucción.

Al oriente: la iglesia, dedicada a San Juan Bautista y construida por Juan de Urroz. Se ve muy bien conservada y es de uso comunitario. Su fachada es muy austera, pero tiene dos campanarios más recientes al lado de la antigua espadaña. (Se puede decir que ambos campanarios fueron capricho del hacendado que los haya construido al no respetar los cánones eclesiásticos, pues este templo jamás fue santuario y menos catedral.) El interior cuenta con un retablo dorado atrás del altar. En la parte izquierda de la nave existe un retablo, también dorado, aunque en muy malas condiciones; hay otro más pequeño, menos dañado. Los retablos presentan motivos entre barrocos y neoclásicos, posiblemente de principios de 1800 cuando se dio la transición entre ambos estilos. En la pared de la derecha hay óleos antiguos. Uno de ellos está dedicado a San Alejandro obispo de Arsenga, llamado "el carbonero quemado por la fe", quien era el patrón de los carboneros del Mazapil. Tiene fecha del 10 de agosto de 1?23.

Al sur de la plaza: el cuartel de vigilancia, que era pagado por los hacendados. La fachada se ve en excelentes condiciones, siendo ésta la que se conserva con más elegancia de todo el casco de la hacienda; es de piedra, y tanto la puerta de acceso como las ventanas ostentan columnas de cantera con remates y ornamentación neoclásicos.

Al poniente: el conjunto de la casa grande. Ciertas descripciones históricas la mencionan como una residencia muy elegante, con acabados finos, herrería y detalles ornamentales. Nada de ello se ve en la actualidad, pues con el paso del tiempo ha sufrido transformaciones lamentables, dígase por guerras, cambios de dueños que no supieron apreciarla, abandonos. Hoy en día su fachada es muy austera, sin un estilo determinado. Lo que fue la casa grande es ahora casa-habitación de una familia local que ha remodelado algunas partes de la segunda planta, pues los techos estaban cayéndose cuando adquirió la propiedad. Existe un patio interior que se ha conservado sin muchas alteraciones. En la parte trasera se encontraban las antiguas caballerizas y todavía quedan vestigios de ellas. A un lado hay dos trojes, en desuso.

Afuera de este núcleo, un poco apartado hacia el poniente, estuvo el área de fundición y beneficio de metales, así como la tallandería de ixtle y los almacenes de guayule que fueron posteriores. Todo aquello está en ruinas.

Reseña histórica

Siglo XVI: La familia Martínez Martaraña es dueña de estas tierras a finales del siglo.
» » Se mencionan estas tierras como parte del extenso latifundio de Francisco de Urdiñola, quien sembró viñedos para la producción de vinos.

Nota: Innumerables fuentes señalan a Francisco de Urdiñola (1550-1618) como el 1er marqués de Aguayo, pero se sabe que dicho título se otorgó en 1682, muchos años después de su muerte, a Agustín de Echeverz y Subiza, uno de sus nietos.

1608: Aunque no se precisa la fecha de adquisición (posiblemente a de Urdiñola), para este año se menciona a Juan Guerra de la Resa (también escrito como de Resa o Resado) era dueño de esta hacienda.

Nota: Las fuentes genealógicas sugieren que Juan Guerra falleció en 1606.

17--: Juana Bolidén y Elizondo es la dueña de San Juan Bautista de Cedros.

1716: El 27 de julio, Joseph de Miranda y Villaizán, esposo de Juana Bolidén, recibe el título y confirmación de merced de la hacienda de San Juan Bautista de Cedros y de la hacienda de Coapas.

1733: El 8 de octubre, Juan de Urroz y Garzarón, comisario mayor del Santo Oficio de la Inquisición en el Real de San Gregorio de Mazapil, adquiere las haciendas de Cedros y Coapas de Joseph de Miranda y Villaizán. Él transformó la hacienda en mixta, es decir, agropecuaria y de beneficio. Construyó las instalaciones para la fundición de plata que se extraía de las minas cercanas. También conservó el giro de hacienda vitivinícola, pues conocía bien este negocio por ser propietario de la de San Lorenzo, en Parras, Coahuila.

1753: Muere Juan de Urroz en Mazapil, siendo sepultado en Aránzazu. La herencia de todos sus bienes fue repartida entre varios sobrinos traídos exprofeso desde Navarra, España. El que recibió las haciendas de Cedros y de San Lorenzo fue Juan Lucas de Lassaga y Gascué, quien supo aumentar la producción minera de Cedros. Sus conocimientos e influencias en el ramo de la minería le valieron convertirse en uno de los "Diputados generales de toda la minería de la Nueva España", en 1775. Además, aumentó la cría de ganado, convirtiéndose en el abastecedor oficial de carne en toda la región.

1786: El 7 de febrero, fallece Juan Lucas de Lassaga en la Ciudad de México. Todos sus bienes pasaron a sus hijos. Es posible que por esas fechas el latifundio de Cedros haya tenido alrededor de 750,000 has, como citan algunas fuentes, lo que implicaría que haya sido la hacienda más extensa en la Nueva España, aunque otras versiones apuntan que la más grande fue la de Juan Guerra de la Resa, en Durango.

1810: Antonio María Lassaga Echegoyén (su apellido también escrito Lasaga o Lazaga), nacido en 1775 es el dueño de Cedros, por herencia.

1850: A mediados de siglo, Cedros tenía alrededor de 100 mil cabezas de ovinos. De esos, anualmente se vendían 30 mil en pie a compradores texanos.

1864: La Comisión Científica Francesa inspeccionó las zonas mineras del país. En su reporte para Cedros destacó la explotación de plata, además de usar el sistema de patio, es decir, gracias al agua existente lavaban el metal mezclado con mercurio.

1879: El 11 de octubre, Ana Rivas de Malo vende la finca de San Juan Bautista de los Cedros a Antonio Zertuche y Agustín Fuertes, quienes conformaron la Sociedad o Compañía Zertuche y Fuertes. Ellos le dieron continuidad a la minería, pero pusieron énfasis en la ganadería de ovinos y también en la producción vitivinícola.

1883: Se mide la extensión de Cedros y se trazaron los límites de tierras que estaban en el estado de Zacatecas y otras en Coahuila. Se suscitó un conflicto entre las compañías deslindadoras y la Compañía Zertuche y Fuertes; litigio que fue llevado a un juicio de oposición porque había un excedente de 370,537 has. Dado que la ley tenía contradicciones, los dueños aprovecharon eso, además de su influencia por poder económico, y ganaron el litigio en 1884. Pagaron más de 47 mil pesos a la Tesorería de la Federación, pero añadieron esas hectáreas más a su enorme latifundio.

Nota: En 1861, la Secretaría de Fomento ordena la formación de un Diccionario Geográfico de la República, con el cual se pretendía conocer la extensión territorial de cada predio, así como marcar linderos y gestionar los terrenos que se consideraran baldíos, es decir, que quedaran como excedentes o no tuvieran propietario. En 1863, aquella propuesta se convirtió en la Ley Sobre Ocupación y Enajenación de Terrenos Baldíos. Esto permitía que cualquier persona pudiera denunciar hasta 2,500 has que no tuvieran dueño, siendo los hacendados los que sacaron mejor provecho. En 1875 se hicieron enmiendas a la ley por tener inconsistencias y se le llamó Ley General Sobre Colonización, con la cual la medición y regularización de terrenos baldíos podría hacerla el Estado o empresas particulares. Aún más, en diciembre de 1883 se hizo una nueva corrección a la ley, entonces titulada Ley Sobre Colonización y Deslinde de Terrenos Baldío. Esta enmienda ratificaba las 2,500 has que podían denunciarse y facilidades de pago hasta por diez años. Los hacendados volvieron a sacar provecho.

1886: Continuaban los litigios por tierras excedentes o baldías. En este año se encontraron más de 100 has en el estado de Durango.

1889: Los vinos de Cedros participan en la Exposición Universal de París. La Compañía Zertuche y Fuertes obtuvo la medalla de plata en productos fermentados.

1893: Manuela Moncada y Mendívil, propietaria de la hacienda de Sierra Hermosa, adquiere Cedros que estaba hipotecada por Zertuche y Fuertes. La hacienda contaba con 756,080 has.

1906: La Continental Mexican Rubber Company compra la hacienda de Cedros a Francisco Federico Moncada, heredero de Manuela Moncada. Años antes había comenzado la explotación de guayule a gran escala en toda esa región de Zacatecas, siendo las tierras de Cedros las de mayor producción.

1913: El 2 de junio, la hacienda es tomada por las fuerzas de Eulalio Gutiérrez, quienes saquearon la casa grande, las de los trabajadores, la tienda de raya y se llevaron todo el ganado que pudieron. Además, en las semanas siguientes no sólo robaron el guayule cosechado, sino que cortaron todo el que les fue posible y lo embarcaron en la Estación Bonanza para enviarlo a su venta en Estados Unidos.

1920: Los doctores norteamericanos Robert Ross y otro de apellido Sáenz compran la hacienda de Cedros y empiezan a explotar el guayule que se recoge en sus territorios y es enviado para su proceso a la fábrica de San Tiburcio. Ellos construyeron un pequeño hospital, aprovechando parte de una troje.

1947: Se constituye el Ejido de Cedros como parte del reparto agrario entre campesinos, peones y arrendatarios de la antigua hacienda.

1848: En julio, cierra la fábrica de guayule, concluyendo así una actividad económica que le dio gran auge a esta región del Altiplano y el semi desierto mexicano, la llamada "plata verde".

HISTORIAS, ANÉCDOTAS, TESTIMONIOS E HISTORIA ORAL

1. Una creencia generalizada indica que Francisco de Urdiñola fue el 1er marqués de Aguayo y siempre se le cita como tal. Sin embargo, él sólo fue capitán e incluso gobernador de la Nueva Vizcaya, cargo que tomó en 1603. El título de marqués se le concedió a Agustín

de Echeverz y Subiza, en 1682. Éste fue el segundo esposo de la bisnieta de de Urdiñola, Francisca de Valdés Alcega y Urdiñola. En total hubo cinco marqueses de Aguayo.

2. Se cuenta que Francisco de Urdiñola, el máximo terrateniente que hubo en la Nueva España, llegó a tener 110 haciendas, pero para no pagar impuestos a la corona decidió vender 11, ya que si alguien tenía 99 estaba exento de gravamen. Esas 11 no las heredó a sus descendientes, pues si las daba en herencia seguían contándole para pago de impuestos.

3. Se dice que Juan Guerra de la Resa le compró esta hacienda a Francisco de Urdiñola, pero que nunca le pagó. Juan Guera tuvo otras haciendas en ahora Durango y Coahuila.

4. Cuentan que muy raras veces venía un conde a quedarse unos días en su hacienda y luego llevarse las ganancias. Él hacía recorridos por sus haciendas en Zacatecas. Es posible que este "conde" haya sido Francisco Moncada, nieto del marqués de Jaral de Berrio, aunque él no heredó los títulos nobiliarios los cuales, de todos modos, para esos años ya no eran válidos en México.

5. En la época de los dueños norteamericanos, todos los trabajadores y sus familias tenían derecho a servicio médico.

6. Asimismo, la historia oral explica que los doctores norteamericanos perdieron lo que quedaba de la hacienda después del reparto ejidal. La perdieron por falta de pagos de impuestos, en los años 50 del siglo pasado, y fue embargada por la Secretaría de Hacienda.

7. Cuando arreglaron la plaza descubrieron tumbas a poca profundidad; todas ellas sin cripta o lápida. Se cree que hayan sido de españoles porque los huesos eran largos y los dientes estaban enteros. Los lugareños dudan que hubieran sido de indígenas, dado que se hallaban enterrados justo enfrente de la iglesia, quizá donde estuvo el cementerio antiguo. Sacaron todas las osamentas y la llevaron a enterrar a una fosa común en el ahora panteón de la comunidad.

LEYENDA

EL "MARQUÉS DE AGUAYO" Y LOS TÚNELES

Cuentan que el "marqués de Aguayo" (Francisco de Urdiñola) tenía muchas haciendas y todas estaban conectadas por túneles que daban a su casa principal, allá en Mazapil. Por ejemplo: hacia el norte el túnel pasaba por Bonanza y terminaba en General Cepeda, Coahuila, aunque tenía salida en Santa Elena, otra de las haciendas del marqués. Hacia el sur el túnel corría hasta San Tiburcio. Hacia el poniente uno de los túneles tenía salida aquí en Cedros, para de ahí seguir hacia Caopas, Gruñidora y Compostela.

¿Por qué el marqués mandó construir tanto túnel? Porque había muchos irritilas y huachichiles en aquellos tiempos y con ellos nadie podía. Parece que hasta trajeron a los tlaxcaltecas para ver si así podían apaciguar a los indios de aquí, pero nada… A esos *nomás* pudieron acabarlos con enfermedades.

Pero decíamos de los túneles… el marqués los construyó para unir a todas sus haciendas y andar por debajo de la tierra sin que tuviera problemas con los huachichiles o con los irritilas.

Otra pregunta: ¿dónde están los túneles? Eso sí quién sabe. Han de ser puras pláticas porque, que yo sepa, nadie ha encontrado uno que corra de una hacienda a otra. Sí han encontrado sótanos en las casas o túneles que van a la iglesia, pero túneles tan largos, no. Yo creo que son pura leyenda.

J. Jesús García Dueñas

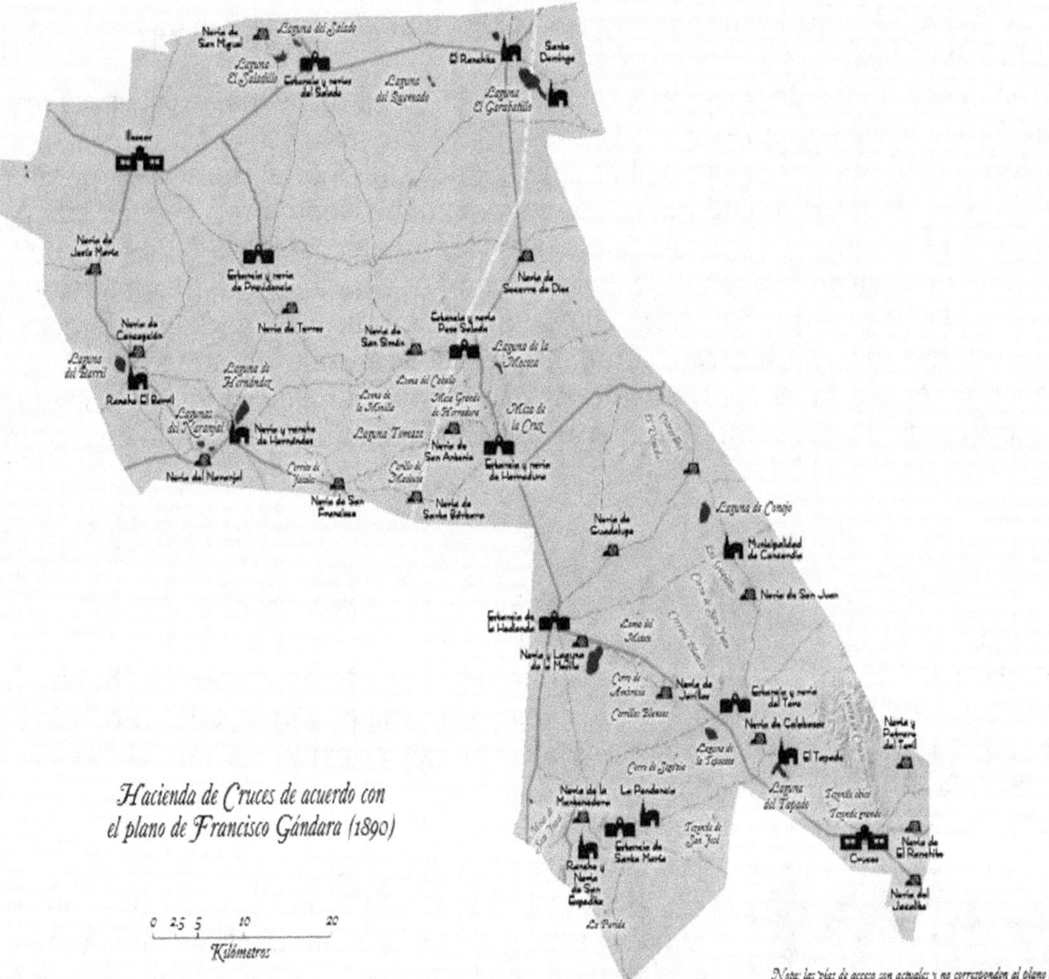

Hacienda de Cruces de acuerdo con
el plano de Francisco Gándara (1890)

Nota: las vías de acceso son actuales y no corresponden al plano original.

CRUCES

Nombre original:	Las Cruces.
Ubicación:	Cruces, municipio de Moctezuma, S.L.P.
Distancias:	95 km de la capital del estado.
	35 km al suroeste de la cabecera municipal.
Giro económico:	Agrícola, ganadero y mezcalero.

Descripción arquitectónica y condiciones hasta 2012

El conjunto arquitectónico de este casco tiene muy bien definida la estructura tipo aldea, con la casa grande al norte, la iglesia a su derecha y el hogar del administrador o del capataz a la izquierda; trojes separadas de la casa, al igual que la fábrica de mezcal, que estaba en la parte trasera y se ve en completa ruina. Frente a la casa, en el centro, hay una plaza ahora con kiosco. Al oriente había casas de trabajadores y aún existen algunas trojes; lo mismo hacia el sur. En la parte sureste hubo un mesón, con caballerizas para las bestias que jalaban las carretas y guayines. Todavía quedan vestigios de eso, con arcos y abrevaderos. Hacia el poniente hay más trojes y allá se ubicaba el área administrativa y la tienda de raya. Algunas trojes están en desuso, mientras que otras han sido adaptadas para comercios o casa-habitación.

La casa grande se encuentra abandonada, pero en buenas condiciones. Pertenece a la comunidad y ocasionalmente se utiliza para eventos cívicos. Hace algunos años albergó una escuela y también ha servido como hospedaje de gente que llega a trabajar, dígase maestros o peones, como por ejemplo, cuando andaban construyendo la carretera a Moctezuma. Todas las habitaciones, alrededor de un patio con arcos, lucen abandonadas, aunque no derruidas.

Existe un manantial que fue canalizado subterráneamente en la época de esplendor de la hacienda y sigue en funciones, ofreciendo agua a la población. No se sabe dónde sepultaban a las personas fallecidas relacionadas con los hacendados, pues no existe un cementerio antiguo, ni tampoco hay nichos o criptas visibles en el interior de la iglesia de San José.

El templo de la hacienda es ahora la iglesia del pueblo. Se conserva en buenas condiciones, con pintura original en la mayoría de los muros y techos, aunque descarapelándose. Tiene forma de cruz latina; su nave central está muy ornamentada, con vivos dorados en los arcos de medio punto y las pilastras. El altar es de estilo neoclásico, tallado en cantera, y presenta un nicho principal, el del santo patrono; en el remate hay un nicho pequeño.

Reseña histórica

Siglo XVII: Se desconoce la fecha de fundación de Las Cruces o quién haya sido su primer dueño, pero se estima que en sus orígenes virreinales fue un latifundio tan extenso que abarcaba territorios que hoy en día pertenecen a los municipios de Moctezuma, Salinas, Santo Domingo, Venado y tal vez Ahualulco, Charcas y Villa de Ramos, así como Villa de Cos, Zac.

Siglo XVIII: Fuentes relacionadas con la hacienda de Bocas de Maticoya mencionan que a principios de este siglo Las Cruces y aquélla pertenecían al marqués de Rivas Cacho: Manuel Rivas-Cacho Vega-Herrera (1685-1768).

1725: El Dr. José de Torres y Vergara (1661-1727) es el dueño de Las Cruces. Él era canónigo, catedrático y consultor de la Santa Inquisición. Junto con Bocas de Maticoya conformaban un patronato laico creado por él.

1727: Fallece el Dr. José de Torres, dejando como heredera a su hermana Bernarda de Torres y Vergara.

17--: José María Sánchez Mora, 2ndo conde del Peñasco, adquiere o hereda la hacienda. Él era descendiente de Bernarda de Torres y Vergara.

1811: A principios de febrero pasó Miguel Hidalgo por aquí, encontrando él y su ejército acogimiento por parte del administrador. En el centro de la plaza luce un monumento dedicado a la Ruta de Hidalgo, como recuerdo de aquella histórica visita.

1844: El 2 de octubre, José María Sánchez Mora vende las haciendas de Las Cruces y Bocas de Maticoya a Juan de Dios Pérez-Gálvez y Obregón, 2do conde de Pérez-Gálvez. Se estima que el valor de la transacción fue de 225,000 pesos.

1848: Fallece Juan de Dios Pérez-Gálvez y todos sus bienes y tierras pasaron a su esposa, Victoria de Rul y Obregón, con quien se había casado el 8 de junio de 1823.

1850: San Juan de Salinillas, con 800 habitantes, se convirtió en cabecera del municipio Villa de Concordia (desaparecido desde 1918). Esto afectó a la hacienda de Las Cruces, la cual perdió 17 km2.

1855: Muere Victoria de Rul y Obregón. Sus bienes y haciendas pasaron a su cuñada Francisca de Paula Pérez-Gálvez y Obregón, condesa de Pérez-Gálvez. (Otras fuentes señalan que la condesa recibió las propiedades en 1853).

» » Fue en este tiempo cuando la propietaria tuvo numerosos problemas con los habitantes de poblaciones que habían crecido en sus territorios, quienes pretendían erigir municipios libres, y lo consiguieron. De tal modo, a Las Cruces se le expropiaron terrenos que después serían pueblos o municipios independientes, como El Tapado y Zamorelia, San Juan de Salinillas, Santo Domingo y Santa María.

El Tapado y Zamorelia

1857: El 24 de diciembre, el rancho de Santo Domingo es erigido como cabecera municipal de Santo Domingo. Previamente había pertenecido al municipio de Villa Concordia que se había formado en tierras que fueron expropiadas a las haciendas de Cruces e Illescas.

1868: Muere la condesa de Pérez-Gálvez a la edad de 75 años. Dejó a su sobrino Miguel Rul y Azcárate como heredero universal de todos los bienes de la Casa Rul y Valenciana.

» » En febrero de ese año, Miguel Rul vendió la hacienda de Las Cruces a los hermanos Antonio María (1825-1901) y Matías (1826-1909) Hernández Soberón.

1869: El 16 de julio, Matías Hernández Soberón reporta que, por sus haciendas de Las Cruces, Guanamé y la de Gallinas había pequeños grupos de hombres armados que pretendían alterar el orden.

1870: El casco de Las Cruces era paso obligado de las fuerzas antagónicas que libraron batallas en la vecina población de San Juan de Salinillas (hoy desaparecida).

1871: Dionisio Palomo, como el administrador de Las Cruces, tiene que lidiar con las aportaciones obligatorias impuestas por el coronel Evaristo Dávalos y el general Pedro Martínez a todas las haciendas de la región.

1872: En el frontispicio de la iglesia hay una fecha de 1872 y el apellido Hernández Soto. Es de suponerse que se trate de Antonio Hernández Pérez de Soto, padre de Matías y Antonio María que eran los dueños de Las Cruces. Es posible que él haya financiado la construcción de la iglesia que habrá reemplazado a una capilla más antigua.

» » El 1° de febrero nacieron en la hacienda los gemelos Ignacio y Luis Hernández Travanco, hijos de Anastasio Hernández y Matilde Travanco.

18--: Los hermanos Hernández Soberón dividen el gran latifundio de Las Cruces en dos, quedando Illescas en la parte noroccidental. Dentro de Cruces quedaron cinco estancias como la de Santa María y La Hedionda o Yoliátl (ambas en el municipio de Salinas) y la de La Herradura (municipio de Villa de Ramos), además de numerosos ranchos y norias que hoy en día son pequeñas comunidades.

1880: Se firma un contrato para tender la vía ferroviaria que pasaría por territorios de la hacienda de Cruces.

1893: Se registra una granizada de tal magnitud que mató miles de cabras y borregas en la región.

1895: Francisco Gándara realiza un levantamiento topográfico de Cruces con sus 383,890 has. El mapa muestra la división con Illescas que tiene 186,923 has, mientras Cruces cuenta con 186,967 has.

1901: El 23 de febrero, fallece Antonio Hernández Soberón en San Luis Potosí. Su heredera universal fue su hija María de las Mercedes Hernández López-Portillo (1881-1942).

1904: El 18 de mayo, María de las Mercedes Hernández López-Portillo contrae nupcias en San Luis Potosí con Hermenegildo Gutiérrez de la Concha Díaz del Riguero (1877-1954), originario de Mazcuerras, Cantabria, España.

» » La administración de Cruces y otras haciendas queda a cargo de la compañía Gutiérrez de la Concha Hermanos, empresa creada por Hermenegildo Gutiérrez.

19--: Con la Reforma Agraria, Cruces perdió la mayor parte de sus territorios que se tansformaron en pueblos, ejidos y pequeñas propiedades, concluyendo así la historia de uno de los emporios agropecuarios más productivos desde la época virreinal.

Nota: De todas las haciendas del Altiplano potosino, no hay otras que estén tan íntimamente ligadas en su historia como Las Cruces, Bocas de Maticoya, Guanamé y Peñasco.

Observación: alrededor del casco creció un poblado independiente de la hacienda, y llegó
a ser tan importante que estuvo a punto
de convertirse en villa. De acuerdo con
algunas versiones debatibles, en el año
de 1850, cuando ya existía el municipio
de Moctezuma, Las Cruces fue designada
como su cabecera municipal, título que ostentó hasta 1918. A partir de entonces, el
declive de la hacienda y de la comunidad
fue gradual. Décadas más tarde construyeron una plaza convencional, con kiosco,
que es ahora el centro del pueblo.

HISTORIAS, ANÉCDOTAS, TESTIMONIOS E HISTORIA ORAL

1. Los ancianos contaban que hace muchos años, cuando la hacienda estaba en apogeo, una tarde cayó un "lagarto" (similar a la "culebra" de lluvia o tromba) que trajo tanta agua que en pocas horas inundó el casco y la comunidad. Los hacendados no se encontraban allí ese día, pero sí el administrador y el capataz. Aunque éstos tenían fama de ser muy malas personas con los trabajadores, en sus caballos llevaron a las mujeres y a los niños a los cerros para salvarlos; lo mismo hicieron con la gente mayor y con los hombres que estaban en verdadero peligro. Incluso abrieron los corrales para que el ganado huyera.

   Pasó aquella tormenta y los terrenos quedaron anegados por varios días. Para evitar epidemias, el administrador, el capataz y los hombres lograron sacar las carretas y se lleva-ron a toda la gente a otras propiedades de la hacienda que no habían sufrido daños, como El Tapado y La Herradura. Evitaron irse con rumbo a Moctezuma porque el agua había corrido hacia aquella dirección y todo estaba inundado también.

2. Cuentan que Miguel Hidalgo llegó una tarde de febrero de 1811, con su ejército. Comie-ron en una fonda que existía junto al mesón y después el cura rebelde fue a bañarse a una pileta o alberca que era de uso exclusivo de los hacendados. Se hizo acompañar sólo con las mujeres que andaban en el contingente.

3. Cada año, durante las fiestas de San José, los hacendados declaraban tres días de asueto, organizaban una fiesta a la cual convidaban a todos sus trabajadores, incluso a aquellos que vivían en estancias o ranchos alejados del casco principal. Había comida y bebida al por mayor y llegaban músicos de San Luis Potosí o de Zacatecas, quienes se alojaban en el mesón.

4. Había tantos venados en estas tierras y nadie que los cazara porque eran propiedad del ha-cendado. Bajaban los venados como "parvadas" de chivas y eran tantos, y bien mansitos, que pareciera que los pastoreaban porque bajaban los atajos a las norias.

5. Dicen en Illescas que Cruces perteneció al mismo dueño hacia finales del siglo XIX, Her-menegildo Gutiérrez, quien heredó ambas haciendas a sus hijos Hermenegildo y Salvador Antonio, sin que precisen cuál de ellos recibió Cruces. Por su parte, algunas personas de Cruces coinciden que Illescas perteneció al mismo dueño, pero que éste se llamaba Juan Pablo Alcocer. Añaden que cerca de Illescas tenía rancho llamado Santa Matilde, nom-brado así en honor a su esposa. Este dato es erróneo, como se especifica en el punto 5. de la historia oral de Illescas. Lo correcto es apuntar que el dueño de ambas haciendas fue Antonio Hernández Soberón, quien estaba casado con Matilde López Portillo Llamas.

6. En Las Cruces no hubo estación de tren, aunque sí pasaba por allí. El comercio o los via-jes se hacían en Tolosa. La gente salía a las 6:00 am con rumbo a esa estación para estar allá antes de las 11:30, cuando paraba el tren. Cuando las carretas regresaban cargadas de

mercancías destinadas a la hacienda, la tarde eran como una fiesta, pues las familias de los trabajadores iban a disfrutar de un evento tan fuera de lo común.

7. Hubo un tiempo en que Las Cruces se hizo muy famosa por la producción lanar, al grado de abastecer ella sola la demanda del mercado en la Ciudad de México.

8. En Las Cruces vivió un ex alcalde de Villa Concordia, también conocida como Salinillas. Se llamaba Luis Díaz, a quien le decían Güichito. Cuando desapareció aquel municipio y don Luis se quedó sin trabajo, consiguió empleo en esta hacienda y, posteriormente, en la de Guanamé.

9. Jorge Borjas cuenta lo siguiente: "Un día sumé las haciendas de Matías Hernández Soberón. En su momento cumbre llegó a ser dueño del 63% del estado de San Luis Potosí, como del 15% de Zacatecas y otro tanto de Guanajuato. Lo logró a través de alianzas con matrimonios, y como su intención era acaparar tierras y poder, casaba a su descendencia con hijos o hijas de hacendados".

10. La primera escuela que hubo en Cruces fue por los años 30 del siglo XX, y la primera maestra se llamó Carmen Silva. Era una maestra particular pagada por la gente de la comunidad. Para entonces, la hacienda ya no existía como tal y el municipio no enviaba maestros porque no había escuela oficial.

11. El monumento de la Ruta de Hidalgo fue colocado en 1960. Cuentan que llegó un camión, varias personas bajaron la cabeza del águila y dejaron un plano de cómo levantar el monumento. Un lugareño, Felipe Olvera, fue quien lo colocó porque le entendía al plano que dejaron aquellas personas.

Leyenda

Apariciones y ruidos en el interior de la hacienda

Antes yo tenía los telares a un lado de la casa grande. Éramos diez personas que trabajábamos los telares para hacer jorongos y gabanes. Había un muchacho que se levantaba muy temprano, como a eso de las cinco de la mañana. Un día nos platicó que vio a una viejita caminando enfrente de la hacienda y pensó que era doña Consuelo. Se le hizo raro que esa viejita anduviera tan de madrugada en la calle y como él iba un poco atrás de ella, apuró el paso para ir a saludarla y darle los buenos días. En eso vio cómo la viejita atravesó unas rejas. El muchacho se asustó mucho porque no es normal que alguien atraviese las rejas que están cerradas. Cuando llegamos todos al trabajo, este muchacho nos platicó eso y uno de los compañeros le dijo que no pudo haber sido doña Consuelo, pues ella tenía varios días de estar enferma y no salía de su casa. Entones concluimos que él vio el fantasma de una mujer.

En otra ocasión, ese mismo muchacho se quedó trabajando ya de noche en un cuarto que

da al fondo de la casa grande de la hacienda. Estaba muy metido en su trabajo cuando oyó que abrieron la puerta y en eso levantó la vista para ver quién era. Dijo que era una persona que tenía los ojos muy grandes y pensó que era un chavillo muy maloso que en aquel tiempo vivía aquí en Cruces y le dijo: "Ah, me quieres asustar, ¿verdad?". La persona en la puerta no respondió y en vez de eso desapareció. El muchacho no se asustó todavía porque seguía pensando que alguien le estaba haciendo una broma. Entonces fue a ver quién era y en eso escuchó pasos, ruidos y voces que iban hacia más al fondo de la casa. No había luz y no se miraba que alguien anduviera por ahí con lámpara. Entonces el muchacho sí se asustó y mejor se salió corriendo.

José Gil Herrera Martínez 

EL CARRO

Ubicación: En la cabecera municipal de Villa González Ortega, Zacatecas.
Distancias: 78 km al sureste de la capital del estado.
Giro económico: Agrícola y ganadero.

Descripción arquitectónica y condiciones hasta 2012

El casco de esta hacienda en su época de esplendor era un conjunto amurallado, con la casa grande ubicada entre la iglesia y la tienda de raya, mientras que las caballerizas y las trojes estaban en la parte trasera. Aunque todo ha sufrido diversas alteraciones con el paso del tiempo, nada se ve abandonado ni en ruinas.

La casa grande, ahora sede de la Presidencia Municipal, en su primera época era de una sola planta, sin mucha ornamentación en su fachada, salvo las puertas con arcos escarzanos que fueron muy típicos de la época del porfiriato, lo cual puede indicar una remodelación hecha en el segundo tercio del siglo XIX. Parece haber sido poco suntuosa para la riqueza que allí se producía. En 1849 se terminó de construir un segundo nivel justo encima de la fachada, el cual ostenta un balcón. Todas las habitaciones interiores son ahora oficinas de gobierno.

En un jardín interior había una escalera de caracol que daba acceso a un pasillo de ronda que comunicaba a los balcones la iglesia donde la familia del hacendado escuchaba misa. Hoy sólo queda una parte de dicho pasillo, debajo de la entrada a las oficinas parroquiales.

En la envergadura del conjunto de la casa grande estaban integrados el escritorio, la tienda de raya y algunos almacenes. En la parte trasera, adonde se accede a través de un pórtico con arco que tiene una fecha de 1904, se encontraban las caballerizas, cuyos espacios son ahora casas-habitación.

La iglesia, dedicada al Señor de Santa Teresa, es tan interesante y ornamentada que se le considera como la más importante de todas las similares en las haciendas zacatecanas. Levantada entre 1852 y 1855, es de estilo neoclásico. Destacan las cuatro ventanas frontales, cuando lo habitual es sólo la ventana coral, pero la simetría era algo común en este tipo de estilo. Cuenta con dos torres, que son factor indicativo de que desde aquella época ya se le consideraba como santuario, o bien, que por capricho el hacendado haya decidido que se construyeran, pasando por alto el lenguaje eclesiástico en cuanto al uso de torres. Sin embargo, haciendo una lectura arquitectónica se ve que el segundo cuerpo, donde están ambas torres, es más tardío; incluso el color de la cantera es diferente. Otro punto de interés es la cúpula peraltada, que es difícil de construir desde el punto de vista geométrico. El interior de la iglesia, por su parte, es también muy rico en ornamentación de estilo neoclásico. Tiene forma de cruz latina, coro, cuatro balcones, dos altares laterales y el altar principal, cuyas dimensiones parecen excederse al espacio designado. En una habitación, a la derecha de la entrada, se encuentra la tumba del dueño de la hacienda Mariano de los Santos de Moncada, fallecido en 1882.

Observación: debido a su estructura e importancia económica, todo un pueblo creció alrededor del casco de la hacienda, al grado de convertirse en cabecera del municipio El Carro. Éste es de los pocos ejemplos así en haciendas del Altiplano que la ex casa grande fue adaptada como Presidencia Municipal.

Reseña histórica

1548: Diego de Ibarra recibe estas tierras como merced.

1578: Diego de Ibarra funda su mayorazgo, teniendo como centro la hacienda de Trujillo.

1629: María Ana de Velazco e Ibarra, quien había heredado el mayorazgo de su padre, lo vendió al capitán Juan Dozal de Madriz.

1644: Se legaliza la venta de las tierras a Juan Dozal de Madriz, quien las heredó a su hijo del mismo nombre.

1665: El capitán Juan Bautista de Espínola compra tierras denominadas Cerro de San Miguel, Ciénega Grande, Marquillos, Malagana y Salitrales de El Carro que llamó Hacienda de Espínola y es el antecedente directo de la hacienda de El Carro.

1672: Nicolás de Espínola es el dueño, por herencia.

1680: El capitán José Payo de Cárdenas adquiere El Carro.

1695: El capitán Felipe Alfonso de Sandoval hereda esta y otras haciendas de su suegro, posiblemente José Payo de Cárdenas.

1704: María Teresa de Medina y Sarabia compra estas tierras al capitán de Sandoval, extendiendo sus territorios por compraventa y permutas para fundar su mayorazgo.

1718: Se expide un acta de matrimonio para el mulato Antonio de Santiago, quién declaró haber nacido (posiblemente en 1690) en la hacienda de El Carro.

1746: Felipe Cayetano de Medina y Sarabia hereda estas tierras tras la muerte de su hermana.

1761: Muere Felipe Cayetano de Medina y Sarabia. La siguiente dueña por herencia es Ma. Manuela de Torres, oriunda de San Luis Potosí. En su época se precisaron la extensión y las colindancias de la hacienda, dando como resultado más de 230 mil hectáreas.

1808: Previo a la guerra que devino en la Independencia, se gesta una conspiración en contra de la Corona Española cuando la hacienda pertenecía al coronel Joaquín Benito de Medina y Torres, conde de Medina y Torres.

1811: A finales del mes de enero estuvo de paso Miguel Hidalgo con su pequeño ejército. No se sabe si se hospedaron allí o simplemente pasaron por los territorios de la hacienda conforme avanzaban hacia Salinas.

1815: En agosto, en los predios del casco los insurgentes derrotan a las fuerzas realistas comandadas por Félix María Calleja.

1820: Nace Mariano de los Santos Guadalupe de Moncada y Hurtado de Mendoza, posiblemente en San Luis Potosí en y creció en la hacienda de Jaral de Berrio.

1822: Juan Nepomuceno de Moncada y Berrio de la Campa y Cos, 3er marqués del Jaral de Berrio y conde de San Mateo de Valparaíso adquiere esta y otras haciendas cuando Francisco de Paula de Medina y Torres puso en remate el mayorazgo de Medina Torres que había heredado. Juan Nepomuceno de Moncada (1781-1850) anexó las nuevas tierras a su mayorazgo de Jaral de Berrio. A partir de entonces, El Carro tuvo un gran auge ganadero, convirtiéndose en una de las haciendas más importantes en lo que ahora es el sureste del estado de Zacatecas.

1829: Gracias a sus conocimientos de ingeniería y contar con la confianza de Juan Nepomuceno de Moncada, Rafael Carrera Delgado es nombrado administrador de El Carro y empezó la construcción del nuevo casco –la casa grande y algunas trojes–, quedando terminada la primera fase en 1840.

1846: Nace en Jaral de Berrio María Concepción Moncada y Murguía, mejor conocida como la *Niña Conchita*. Fue hija única y prácticamente creció en la hacienda de El Carro, pues sus padres Mariano de los Santos Moncada y Elena Murguía se avecindaron aquí a partir de 1852.

1847-1862: Durante la guerra de Reforma y la Intervención Francesa, la hacienda de El Carro fue paso obligado de liberales y conservadores. Entre los personajes más destacados que estuvieron allí se pueden mencionar a Benito Juárez y a Miguel Miramón, quien por matrimonio estaba emparentado con los Moncada.

1849: Se inaugura la segunda planta de la casa grande con la presencia del marqués de Jaral de Berrio.

1850: El 11 de junio, muere Juan Nepomuceno de Moncada en su casa principal, la de Jaral de Berrio, Guanajuato.

1852-1855: A cargo del maestro constructor Tomás Castillo, se construye la iglesia dedicada al Señor de Santa Teresa sobre la capilla primitiva que estaba dedicada a Nuestra Señora de los Dolores. Tuvo un costo de cien mil pesos. La cúpula es réplica de la que se encuentra en la iglesia de La Merced en la hacienda de Jaral de Berrio, levantada entre 1816 y 1848.

1872: Mariano de los Santos Guadalupe de Moncada y Hurtado de Mendoza (1819-1882), hereda esta hacienda y les da continuidad a los proyectos de su padre. Fundó escuelas para los hijos de los peones que trabajaban en el casco y en otros predios.

1882: El 17 de enero, fallece Mariano de los Santos Moncada y fue sepultado en la iglesia de la hacienda de El Carro, la cual pasó por herencia a su única hija María Concepción Moncada y Murguía, la *Niña Conchita*. Ella se había retirado a la vida conventual y dejó administradores en esta y muchas otras tierras que fueron de su propiedad por herencia.

Nota: Algunas fuentes citan que la *Niña Conchita* se llamó María de la Concepción de Moncada y Hurtado de Mendoza, quien murió en un convento de la Ciudad de México, en 1929. Si fuera correcta esta versión, ella hubiera sido hermana de Mariano S. de Moncada. Si nos remitimos al testamento de Juan Nepomuceno Moncada y Berrio, suscrito el 11 de mayo de 1832, Mariano S. de Moncada tenía la edad de 13 años, mientras que su hermana María de la Concepción, siete; es decir, había nacido en 1825. Si falleció en 1929, entonces tenía 104 años de edad, lo que no lleva a concluir que esta versión es errónea.

1869: Se crea el municipio de El Carro con cabecera alrededor del casco de la hacienda donde había un pueblo. Sin embargo, en 1870 perdió dicha categoría. Veinte años después, en 1890, la recuperó, cuando en esa población se vivía estabilidad social y económica.

1889: María Concepción Moncada y Murguía dona todos sus bienes a la orden de las capuchinas sacramentadas.

1911: La estabilidad y auge económico en El Carro duró hasta mayo de este año, cuando la Revolución vino a trastocarlas. En las inmediaciones del casco hubo enfrentamientos, incendios, saqueos, que fueron parte de la inestabilidad social y el descontento entre la clase trabajadora. Esto trajo como consecuencia la decadencia del latifundio y el deterioro productivo de la hacienda.

1913: Muere María Concepción Moncada y Murguía en la Ciudad de México y la hacienda fue vendida a Felipa González, viuda de Saracho, quien no tuvo oportunidad de explotarla o verla florecer por causa de las afectaciones de la Revolución y posteriores con la Reforma Agraria que disolvió los grandes latifundios.

1916: Se reparten las tierras dentro del concepto ejidal.

1917: El 27 de marzo, se formaliza el ejido de El Carro que fue el primero en el estado de Zacatecas y el segundo a nivel nacional.

1922: El municipio cambia su nombre por el de Villa González Ortega.

Historias, anécdotas, testimonios e historia oral

1. Hay una historia que se cuenta indistintamente en El Carro, en Sierra Hermosa, en Jaral de Berrio, Gto. y en otras haciendas del mayorazgo acerca de las 99 haciendas que tenía Juan Nepomuceno de Moncada y Berrio y que, puesto que en aquellos tiempos nadie estaba autorizado a poseer 100 haciendas o más, él no las tuvo, pero que sí tuvo 99 hijos y a todos los heredó una hacienda. Es una leyenda porque no tuvo tantas haciendas, aunque sus dos mayorazgos con haciendas ahora zacatecanas, queretanas, guanajuatenses y también potosinas sumaron más de 60.
   Cabe mencionar que esta misma historia se cuenta por igual acerca de Francisco de Urdiñola (el erróneamente llamado "marqués" de Aguayo), de Juan Nepomuceno Flores, un rico hacendado de Durango, e incluso de Santos de la Maza, el rico comerciante y hacendado de Real de Catorce que fue dueño de Carbonera, hacienda abordada en este libro.

2. Cuando estaba la guerra de Independencia en su apogeo, a El Carro llegaban grupos de combatientes y también muchos bandidos. El conde de Jaral entonces mandó una tropa de su propio ejército, los "dragones de Moncada", a cuidar esta hacienda.

3. Cuentan que la casa grande de El Carro era sitio de veraneo para los Moncada, quienes vivían en Jaral de Berrio, Gto. Llegaba la familia en suntuosos carruajes y organizaba una fiesta para los trabajadores. Este recuerdo no especifica quién era el dueño entonces, pero es de suponerse que se trata del 3er marqués del Jaral de Berrio. Se sabe que para su heredero, Mariano de los Santos Guadalupe de Moncada, El Carro sí fue su hacienda y casa principal.

4. En la segunda mitad del siglo XIX, la Negociación de las Salinas del Peñón Blanco acuñó su propia moneda, de latón, sin fecha, exhibiendo la E caligráfica distintiva del apellido Errazú, de los propietarios de la salinera en esa época. Dicha moneda fue de uso corriente en varios lugares y haciendas que ahora pertenecen a San Luis Potosí o a Zacatecas, todas vecinas o relacionadas comercialmente. La excepción fue la hacienda de El Carro, donde no se aceptó dicha moneda, pero Mariano Moncada sí tuvo la ocurrencia de resellarla con inscripción del nombre de la hacienda para darle validez (¡piratería a la siglo XIX!). Lo mismo hicieron con cuartillas y tlacos acuñados en la casa de moneda de San Luis Potosí.

5. Se dice que la *Niña Conchita* era muy amable con la servidumbre y con todos los trabajadores de la hacienda. Cuando venía –por lo general acompañada de otras

monjas–, daban catecismo a las mujeres y a los niños. Y antes del anochecer, afuera de la iglesia organizaban recitales y declamaban poemas a todos los empleados.

Leyenda

La *Niña Conchita*

Esta puerta era un pasadizo que comunicaba a la iglesia con la hacienda y cuentan que la hija del conde siempre venía por acá a oír misa. El pasadizo hace un puente y dicen que allí, en ese puente donde hay un arco, se aparece el fantasma de la hija, que le decían la *Niña Conchita*. La sacristana cuenta que ella sí la ha visto, que es muy bonita, con el pelo largo, que siempre anda con unas enaguas blancas y que siempre se aparece a los doce del día y a las doce en la noche. La sacristana la ha visto de noche porque se queda aquí a dormir.

Cuenta una historia que María Concepción Moncada –así se llamaba ella y luego fue la dueña de aquí– cuando todavía era jovencita se enamoró de un peón y por mucho tiempo llevaron su amor a escondidas porque eran de clases sociales diferentes. Ella sabía que si su papá se daba cuenta hasta podía matarla y por eso, por mucho tiempo, ella y el peón llevaron su amor en secreto. Cuando ella venía a escuchar misa, pasaba por el puente donde está el arco y salía por el pasadizo para llegar aquí a la iglesia. Como entre el puente y el pasadizo hay un lugar oscuro, ahí siempre la estaba esperando el muchacho para besarla y decirle cosas bonitas. Quién sabe cómo estuvo el asunto, pero un día el conde se enteró y aunque la *Niña Conchita* negó ese amor, tarde o temprano tuvo que decir la verdad porque había quedado encinta. Aunque el conde era un tipo muy duro, se apiadó de ella porque era su única hija. Entonces la mandó a un convento en México y ella nunca volvió para acá en vida del conde. Empezó a venir cuando ya era dueña de la hacienda, luego de que su papá había muerto y la heredó a ella.

La *Niña Conchita* nada más venía a pasar las vacaciones aquí, y dicen que casi todo el día andaba con su hábito de monja, hasta cuando se sentaba a hablar de negocios con los administradores o cuando salía con ellos a supervisar cosas de la hacienda. Pero también dicen que siempre al mediodía y en la media noche se ponía ropa normal porque quería ir al templo como mujer y no como religiosa. Pero la verdad es que ella quería encontrarse con su amor,

o al menos recordar los momentos felices que vivió con él. De la casa cruzaba por el puente, luego el arco y se quedaba en el pasadizo, como si ahí estuviera el peón esperándola. Dicen que la oían llorar y es por eso que su ánima todavía se aparece en ese mero lugar a esas horas.

Lo que no sabemos es qué pasó con el peón ni con el hijo que seguramente engendró la *Niña Conchita*. Eso nadie lo cuenta porque no se sabe, pero una se puede imaginar que el conde mandó matar al peón o él mismo lo ha de haber matado porque desgració a su hija. Y del niño, o sea el nieto del conde, quién sabe. Habrá nacido y de seguro lo habrán dado en adopción a una familia de México porque ese secreto tenían que guardarlo muy bien, pero los secretos por muy secretos que sean siempre se saben, y ya ve, de este mismo secreto estamos hablando ahora.

Francisca Mauricio 

EL POTOSÍ

53

Nombre original: San Francisco de El Potosí.
Ubicación: Catarino Rodríguez (mejor conocido como El Potosí), municipio
                     de Galeana, Nuevo León.
Distancias: 150 km de Monterrey.
                     55 km al poniente de la cabecera municipal.
Giro económico: Agrícola.

Descripción arquitectónica y condiciones hasta 2012

Después de muchos años de abandono y de haber estado casi en ruinas, lo que fue la casa grande de la hacienda está siendo renovada por iniciativa de la parroquia, con los apoyos del gobierno municipal de Galeana, el gobierno estatal de Nuevo León y la diócesis de Linares, además de los lugareños, quienes aportan con trabajo o incluso dinero, así como los pasaporteados que envían remesas para la restauración. Bajo la supervisión de la delegación estatal del INAH, se reconstruyen partes de la casa grande y varias trojes, apegándose al estilo original; habrá así espacios para retiros y ejercicios espirituales, al igual que casa parroquial.

Existen otras áreas del viejo casco que sirven como casa-habitación o almacenes de algunos lugareños.

La iglesia parroquial, por su parte, es lo único que se ha conservado relativamente bien a través del tiempo, pues desde que el casco quedó abandonado, los lugareños se hicieron cargo de mantenerla. Su fachada es muy sencilla y austera; tiene elementos barrocos incipientes y neoclásicos que indican construcción o reconstrucción a finales del silgo XVIII o principios del XIX. Se ve que la torre iba a ser más grande y no se sabe si originalmente la dejaron inconclusa o se cayó el segundo cuerpo. En la actualidad presenta un segundo cuerpo más chico como si hubiera sido truncado por alguna razón que la historia no consigna y los lugareños no saben porque no quedan sobrevivientes que pudieran servir de testimonio. Cabe la posibilidad de que se hayan acabado los recursos o que el maestro constructor haya muerto y, posteriormente, en una segunda etapa constructiva se agregara el resto de la torre.

Extramuros, en la cima del cerro aledaño hay una ermita que está muy deteriorada y muestra indicios de saqueo.

Reseña histórica

Siglo XVII: Se desconoce la fecha de la fundación de esta hacienda, pero se dice que en los archivos parroquiales de Galeana existe un documento fechado en 1692, cuando se solicitó la autorización para construir el templo que sería dedicado a San Francisco de Asís. Posiblemente hubo aquí una misión franciscana. Tampoco hay datos sobre sus propietarios en ese siglo.

1742: Alrededor de este año, el dueño de estas tierras es Francisco de Ayza García Aguilar (1696-1778), conde de Castillo de Aysa, primer coronel de los Reales del ejército de su majestad el Rey de España y presidente de la Audiencia de Guadalajara.

1752: El 14 de diciembre, muere Felipe Cayetano Medina Cruz-Saravia en la Ciudad de México. Él era propietario de esta hacienda, cuyo "imperio" tenía características de feudo medieval. Estuvo casado con María Manuela Torres Maldonado-Zapata, cuya familia tenía haciendas en lo que ahora es el estado de San Luis Potosí, como Pozo del Carmen, en el municipio de Armadillo. Un hijo de ellos, Francisco Antonio Medina Torres (1730-1781), recibiría el título de conde de Medina Torres con el cual se formó un mayorazgo en tierras ahora potosinas y zacatecanas y en este trabajo lo podemos asociar con la hacienda de El Carro.

Siglo XVIII: La historia de finales de este siglo es confusa, pues una versión menciona que esta hacienda fue fundada por Diego de Rul y Calero, el 1er conde de Rul, quien también era dueño de Albarcones. El dato debe ser erróneo, pues la hacienda ya existía, sin que se sepa a quién se la compró Diego de Rul.

1810: Se establece un campamento contrainsurgente con el propósito de sorprender a las tropas insurgentes que pasaran por ese camino real de Saltillo a Matehuala. Desde Monterrey, el gobierno realista ordenó a Juan Ignacio Ramón que se enfrentara a los rebeldes. Cuando llegó a las ciudades del sur de ahora Nuevo León se enteró de que Mariano Jiménez había conformado un numeroso ejército bien armado, pues la mayoría de los hacendados de la región había facilitado armas, víveres y caballos, además de hombres a los rebeldes. Juan Ignacio Ramón se acuarteló en Labradores (ahora Galeana) y desde allí operó en algunas haciendas, como la de El Potosí. (Cabe destacar que pocos meses después, tras una derrota en Agua Nueva, Coahuila, Juan Ignacio Ramón cambió de bando y se incorporó al ejército de Mariano Jiménez el 17 de enero de 1811.)

» » En esa misma época, Pedro de Herrera y Leyva, estando acuartelado en El Potosí, recibió un oficio y una carta reservada de Santa María, que era el gobernador de Nuevo León, quien le reclamaba que por su debilidad varios puntos importantes del sur de esa provincia, como Río Blanco, La Soledad y Albarcones estaban llenos de insurgentes. Al parecer, días más tarde este personaje junto con su gente desertó a las tropas realistas para unirse a las insurgentes de Mariano Jiménez, a quien le presentaron armas en Saltillo.

1811: Muere Diego de Rul y Calero, el 1er conde de Rul durante una acción militar contra los insurgentes. Todos sus bienes pasaron a su esposa María Ignacia Obregón Barrera y esta hacienda siguió en manos de administradores.

1820: Algunos documentos de historia de Nuevo León consignan que Juan Antonio Pérez, mejor conocido como "el conde de Gálvez" (título inexistente), era dueño de las haciendas de El Potosí, San Francisco y Pablillo. Podría tratarse de Antonio José Pérez Andújar y Gálvez Crespo y Gómez (1760-1832), 1er conde de Pérez-Gálvez, dueño de grandes haciendas potosinas, como Guanamé y Bocas de Maticoya o, más bien, del 2do conde de esa casa, de nombre Juan de Dios Pérez-Gálvez (1794-1858) cuya hermana Francisca de Paula heredó de él varias haciendas, incluyendo La Soledad (en el municipio de Aramberri). Lo cierto es que al morir Diego de Rul y Calero en 1811, sus bienes pasaron a su esposa María Ignacia Obregón Barrera. Una de sus hijas se llamó Victoria Rul Obregón, quien contrajo nupcias con su primo Juan de Dios Pérez-Gálvez Obregón, en 1823. Él también aparece

como propietario de haciendas neolonesas. Es muy probable que haya una confusión de nombres y, por las fechas de fallecimiento, el tal Juan Antonio Pérez en realidad se trate de Juan de Dios Pérez-Gálvez.

Nota: El conde de Pérez-Gálvez, haya sido el 1ro. o el 2do. jamás vivió en estos lares; sus residencias eran en la ciudad de México y en Guanajuato. Otorgarle el título de "cacique" es muy exagerado, si no desafortunado, pues eso lo logran quienes están de tiempo completo en algún lugar para controlar el territorio o a la población en beneficio propio.

1842: De nuevo Juan Antonio Pérez… Tras haber sido "el gran cacique de la región" vende todas sus propiedades a Juan de Dios Ramos, quien así se convirtió en el dueño de El Potosí y otras haciendas, como Las Margaritas y Sandia (esta última, posteriormente, pasó a ser estancia de Las Margaritas, con otros propietarios, una familia de apellido Berlanga). En esa época se construyó la ermita en el cerro, dedicada a la Santa Cruz.

1847: En enero, llega a El Potosí una brigada de caballería, comandada por José Vicente Miñón, para hacerle frente a la avanzada norteamericana. Días antes, dicha brigada había aprehendido a cien norteamericanos en La Encarnación, S.L.P.

1879-80: En el remate del pórtico de la iglesia se lee lo siguiente: "Doña Anselma Recio viuda de Ramos movida de su mayor devoción al culto de Dios mandó restaurar este templo, comenzando el 1° de junio de 1879 y se concluyó el día último de febrero de 1880".

188-: El siguiente dueño registrado, por herencia, fue Reinaldo Ramos, quien en 1895 fuera 2do regidor en Galeana.

1903: El 28 de enero, muere Reinaldo Ramos asesinado por bala. El homicida fue Jesús Sánchez, mayordomo de la hacienda tras defenderse de un ataque violento de su patrón, según consigna un corrido neoleonés.

» » Algunas fuentes señalan que Francisco M. Coghlan (1853-1903) adquirió El Potosí a los herederos o a la viuda de Reinaldo Ramos. Sin embargo, fuentes genealógicas apuntan que murió el 1° de enero de 1903, en San Luis Potosí. Él fue un rico minero nacido en Real de Catorce, de padre irlandés, y tuvo haciendas en La Luz y también fue dueño de la hacienda de San José de Raíces, ubicada al sur de El Potosí.

1938: Eugenio Ortiz González es el último propietario registrado. Se dice que por negarse tajantemente a repartir sus tierras a los ejidatarios, como represalia el 18 de junio uno de los peones llamado José Pérez, le dio un balazo en una pierna, dejándolo inválido. Al día siguiente, ese trabajador se fue la hacienda y nunca más se volvió a saber de él.

1940: Para el censo de población, El Potosí ya era ejido y contaba con 847 habitantes. Las estadísticas de población de este lugar muestran un crecimiento paulatino: en 1900: 457 habitantes en 1910: 444, en 1920: 469, en 1930: 614, y en 1950: 1,178.

HISTORIAS, ANÉCDOTAS, TESTIMONIOS E HISTORIA ORAL

1. En El Potosí hay una gran tradición a la Santa Cruz. Cuentan que ésta viene desde épocas prehispánicas, cuando los huachichiles veneraban una cruz de mezquite que había crecido de manera natural. Tras la llegada de los misioneros, éstos entendieron que para poder pacificar a los nativos era necesario adaptar sus creencias y no se les hizo difícil implantar el culto a la Santa Cruz. El mezquite antiguo ya no existe, pero la creencia y el culto a la cruz del mezquite siguen vigentes en esta región.

2. La capilla original era con techo de palma y las paredes, de adobe. Tenía una pequeña

campana atada al travesaño con postes de barreta. La viuda de Ramos convirtió la antigua capilla en templo como pago a una manda prometida a San Francisco de Asís.

3. La ermita dedicada a la Santa Cruz fue levantada en el siglo XIX. Ésta se encuentra en la cima de un cerro y, según algunas versiones, su propósito fue el de servir como sepulcro de los hacendados. Se dice que allí enterraron al "conde".

4. Un administrador de la hacienda fue encontrado muerto cerca de un aguaje. Primero se pensó que había sido asesinado, pero luego se dieron cuenta de que murió por mordedura de víbora.

5. En la época de la Revolución, Francisco Carrera Torres se hospedó en la hacienda varias veces, ofreciendo a cambio protección al hacendado.

   Nota: en la historia de Peotillos y de El Salado se menciona que este tipo de "protección" en realidad era extorsión.

6. Los hacendados tenían venados en los mismos corrales que las cabras, pero no les permitían que salieran a campear con la majada porque, seguramente, huirían para volver a su estado salvaje.

Leyenda

Tesoros y las tumbas de los hacendados

Pues qué le diré… acá cuentan *munchas* cosas de los tesoros. Mire, yo me acuerdo que cuando la hacienda ya estaba abandonada, luego venían gentes con el brete de escarbar porque querían sacar los tesoros. Primero se metían a los cuartos y escarbaban o hasta tumbaban paredes, pero nada, no daban con el dinero. Luego ahí andaban preguntando que dónde se miraba que alguna llamarada, que algún espanto, que dónde se oían ruidos y cosas d'esas.

No, pos así alguien les dijo que había un túnel que iba de la iglesia a la ermita, allá arriba del cerrito. Y a buscar el túnel, pero que yo sepa no existe. Ha de haber sido invento de alguien para que le dieran dinero, digo yo.

Lo que sí hemos sabido es que esa gente que busca los tesoros ha subido a la ermita para abrir las tumbas de los hacendados –Ramos, su viuda, sus gentes, *¿vedá?*–, y quitarles las joyas a los esqueletos. No, qué cosa más fea, ni a los difuntos respetan los ladrones.

Pero, mire, le voy a platicar: dicen que esas tumbas están protegidas por los espíritus y ¿sabe por qué? Porque ningún ladrón de tumbas ha podido encontrarlas y vaya que han sido *munchos* los que han buscado con ese propósito.

Don Ceferino 

EL SALADO

Nombre original: San Rafael de El Salado
Ubicación: El Salado, municipio de Vanegas, S.L.P.
Distancias: 240 km de la capital del estado.
                    52 km al norte de la cabecera municipal.
Giro económico: Ganadero y salinero; guayulero.

Descripción arquitectónica y condiciones hasta 2012

No obstante haber sido una de las haciendas más extensas del Altiplano, e importante lugar de comercio donde rendían jornada quienes transitaban el camino real entre San Luis Potosí y Saltillo, lo poco que queda del casco no da fe de la riqueza que le afamaba.

Este casco tuvo por lo menos cuatro conjuntos, todos construidos con adobe y piedra. El de la casa grande es el que mejor se conserva, aunque no en muy buenas condiciones y ha sufrido varias remodelaciones. Su tipología era horizontal, típica de muchas haciendas de campo. Albergaba la casa de los hacendados, áreas de servicio y habitaciones para la servidumbre de la casa. En la parte trasera se ven las ruinas de la caballeriza.

Hacia el poniente había otro conjunto, el de las trojes que tenía techos planos, propios de esta región con lluvias escasas. Casi todo está en ruinas, aunque una de las trojes parece haber servido como casa-habitación hasta hace pocos años.

Hacia el oriente se encontraba un conjunto muy extenso que incluía la oficina, la tienda de raya y la casa del administrador, así como las habitaciones de otros empleados. En la esquina norte estaba el templo, originalmente dedicado a San Rafael, aunque después se advocó a la Virgen de Guadalupe. Hoy en día sólo quedan algunos muros en pie, así como vestigios del altar y los nichos.

Hacia el noroeste estaban los corrales, junto a la noria. De aquéllos sólo quedan vestigios, mientras que la noria sigue utilizándose para extraer el agua que abastece al poblado y a la comunidad Estación El Salado, a menos de 3 km del casco de la hacienda.

Lo más preservado es el panteón, al norte de la casa grande. Éste es un caso atípico en las haciendas del Altiplano, no por su ubicación sino por el panteón en sí, donde se conservan dos conjuntos de criptas familiares; una de ellas estuvo techada. Algunas criptas han sido vandalizadas y los catafalcos están a la vista.

Cabe destacar que en un extenso solar, entre la casa grande y el panteón, se encuentra un monumento a la "Ruta de Hidalgo", el cual fue colocado en 1960, durante las conmemoraciones de los 150 años de su paso por aquí. Dicho monumento tiene la peculiaridad de estar orientado hacia el sur, cuando casi todos ven hacia el norte.

Reseña histórica

Siglos XVI y XVII: No existen referencias de este lugar para estos siglos, salvo que fue parte del gran latifundio del capitán Francisco de Urdiñola y que la sal que se cosechaba era enviada a las minas y haciendas de beneficio en Mazapil o en Bonanza.

Siglo XVIII: Las primeras menciones de esta hacienda, sin especificar quién era el dueño, apuntan que se le llamaba La Santísima Trinidad y María Santísima de Guadalupe.

» » Algunas versiones señalan que, a finales de este siglo, la hacienda fue fundada con el nombre de San Rafael de El Salado por el coronel realista Matías Martín y Aguirre (1767-1859) y su tío Francisco Miguel (¿-1827), quienes eran también dueños de la hacienda de San Juan de Banegas.

1811: Pasa por El Salado Miguel Hidalgo a finales de febrero, en su trayecto a Saltillo. Existe un monumento alusivo a ese hecho.

1821: Francisco Miguel Aguirre Martín y su sobrino Matías Martín Aguirre traspasan sus partes correspondientes de la hacienda.

1831: Benito Aguirre Océs (-1859), hijo de Francisco Miguel Aguirre, está registrado como dueño de El Salado.

183-: Atilano Benavente Hurtado compra la hacienda de El Salado a Benito Aguirre.

Nota: Según una versión de historia no escrita, Alejo Benavente Abad, nacido en Getafe, España y padre de Atilano, heredó a éste la hacienda.

1841: En enero, la hacienda es atacada por grupos de apaches, comanches o lipanes, bajando considerablemente el número de pobladores por muerte en esas batallas.

1842: Atilano Benavente hereda la hacienda a uno de sus hijos, Agustín o Valente Benavente Hurtado.

1843: El 11 de febrero, se registra en esta hacienda una fuga de reos. En aquella época El Salado aún pertenecía a la jurisdicción de Cedral y no a la de Vanegas, y era parada donde rendían jornada las diligencias de viajeros y los convoyes de carga que transitaban entre San Luis Potosí y Saltillo. Aquel grupo de reos, conocido como "los prisioneros de Mier", iba vigilado por el coronel Manuel R. Barragán. Después de la fuga, varios prisioneros fueron capturado; 17 de ellos fueron fusilados el 25 de marzo.

1847: Durante la Intervención Americana o Guerra del 47, cinco de aquellos exprisioneros regresaron a El Salado para exhumar a sus compañeros fusilados. Los restos fueron trasladados a los Estados Unidos y vueltos a inhumar en La Grange, Texas, en junio de 1848.

» » En noviembre hubo otra incursión de apaches, comanches o lipanes, quienes incendiaron la hacienda y robaron lo que pudieron llevarse.

1864: Han sido años muy convulsos en la región, en particular para la hacienda de El Salado por encontrarse en el camino real de San Luis Potosí a Saltillo. Tres ejemplos:

» » A principios de año, estuvo el presidente Juárez en El Salado, de allí se fue a El Potosí para llegar a Saltillo por ese rumbo y posteriormente a Monterrey con el propósito de deponer al gobernador Vidaurri.

» » El 28 de abril, llega un aviso de Vanegas de que el general Doblado llegará a El Salado con dos mil hombres de infantería que, en combinación con los hombres de Soledad, apoyarán al general López, al general Mejía y al coronel Aymard.

» » El 31 de mayo, avisan al general López en Vanegas que por El Salado anda un grupo de 150 hombres sin misión política, seguramente salteadores. Juan Bustamante y el general López con 200 hombres de infantería fueron a hacerles resistencia.

1869: El Salado pasa a ser propiedad de Juan Bustamante, quien expandió este latifundio hasta 211,235 has. Él fue gobernador de San Luis Potosí durante la época juarista, entre 1869 y 1874, cuando fue depuesto.

1893: El 6 de enero, fallece Juan Bustamante en esta finca.

1896: Los herederos de Juan Bustamante se ven obligados a hipotecar la hacienda al Banco Internacional Hipotecario de México.
El 7 de agosto, John William Thompson compra la hacienda por $211,851.86 pesos. Él era un inglés nacido en Newcastle que se casó con Ana del Refugio Ávila Muro, dueña por herencia de la hacienda de La Poblazón.

1898: Fallece John Thompson en la hacienda El

Salado y se le dio cristiana sepultura en la capilla de la hacienda La Poblazón. Su viuda decidió vender las propiedades, pues ni con el apoyo de sus hijos Guillermo y Juan Manuel le resultó posible terminar de liquidar el monto total de la compraventa de la hacienda. Con ello, el mismo banco volvió a intervenir El Salado. Se dice que en ese ínter hubo un dueño de apellido Haghenbeck, sin que se tengan más referencias de él. Tal vez se trate de Carl H. Haghenbeck Kundhart, un alemán que llegó a México en 1844 e hizo gran fortuna primero con tiendas de ropa y mercería y luego con la compra de bienes raíces y el ofrecer préstamos hipotecarios.

1902: El 8 de diciembre, se expiden las escrituras de compraventa, en las cuales la sucesión de John Thompson vendió El Salado a Mariano Arguinzóniz Díez-Gutiérrez (1848-). Otras fuentes apuntan que el 5 de septiembre de 1903 el banco vendió la hacienda al mismo Mariano Arguinzóniz Díez-Gutiérrez, por $90,000.00. Este hombre, nacido en Ciudad del Maíz en 1848, logró acaparar tierras y haciendas tanto en Ciudad del Maíz como en otros municipios de las regiones Media y Huasteca gracias a su matrimonio con María de la Luz Barragán Gárate, miembro de la acaudalada familia Barragán.

1914: Mariano Arguinzóniz firma un contrato con *The Mexican Crude Rubber Co.* para la explotación y comercialización del guayule que crecía silvestre en El Salado. Sin embargo, como el gobierno de Venustiano Carranza deseaba acaparar este mercado, afectó sobremanera al hacendado, además de que Arguinzóniz tenía filiación al huertismo. Ese mismo año, en un ámbito estatal, los grupos rebeldes de Saturnino Cedillo y Francisco Carrera Torres, además de los bandidos regionales y los malos gobernantes de San Luis, encontraban diversas formas de extorsionar a los hacendados para apropiarse de sus bienes o simplemente cobrarles cuota de "protección" y Mariano Arguinzóniz no estuvo exento. Años más tarde, las fuerzas de Cedillo se apoderaron de varias haciendas de Mariano Arguinzóniz, pero la de El Salado, por su lejanía, se mantuvo libre de afectación.

1925: La extensión territorial es de 305,000 has, las cuales disminuyeron con la Reforma Agraria.

1962: El 17 de mayo, se publicó en el Diario Oficial de la Nación la afectación de 6,672 has de la hacienda de El Salado, propiedad de Guadalupe, Juana, Luisa y María de la Luz Arguinzóniz y Barragán, en favor del ejido El Gallo.

HISTORIAS, ANÉCDOTAS, TESTIMONIOS E HISTORIA ORAL

1. En la época de esplendor de El Salado había un mesón donde se hospedaban los viajeros. La tienda de raya era también casa comercial abierta al público.

2. Matías Molgado narra lo siguiente: "Acá antes contaban muchas historias de los indios, que eran muy bravos. Me acuerdo que los viejitos platicaban que entre la gente de Miguel Hidalgo venían muchos indios (huachichiles), pero que de aquí muchos ya no le siguieron más al norte (territorios irritilas) y que mejor se regresaron a sus tierras. En la parte trasera de la casa grande estaban unos cuartos que ya se están cayendo y allá se quedaron esas gentes que venían con Miguel Hidalgo. Allá también estaban las caballerizas y donde dejaban las carretas; todavía se ven los arcos, pero ya está casi todo caído. La capilla aquí ya se cayó todita, pero antes tenía la imagen de la Virgen de Guadalupe y estaba muy bonita, toda bien pintadita, con su techo y toda la cosa. Así por pláticas de antes yo me acuerdo

que decían que sí, que Miguel Hidalgo dijo dos misas, una para los hacendados y otra para los trabajadores".

3. Atilano Benavente heredó la hacienda de El Salado de su padre, que se llamó Alejo. Su abuelo o bisabuelo, también llamado Atilano de Benavente, llegó de España con Andrés de Berrio. Los Berrio se establecieron en Jaral y se expandieron principalmente en Guanajuato, mientras que los Benavente lo hicieron en San Luis Potosí.

4. Martiniano Benavente, primo de Atilano, murió flechado en el portón del acceso a la casa de El Salado. Es que pasó una incursión de indios del norte, los apaches, que llegó hasta la hacienda de Bocas incluso; allá los pararon. En El Salado hicieron todos los destrozos imaginables y mataron a mucha gente, incluyendo a Martiniano.

5. Jorge Borjas cuenta lo siguiente: "Atilano Benavente era compadre de Juan Bustamante; aquí en San Luis eran incluso vecinos. Atilano vivía en la casa de altos que está en la esquina de la calle Miguel Barragán, donde empieza la calzada de Guadalupe; en contra esquina del jardín Colón. Casi enseguida, sobre la misma calzada de Guadalupe, vivía Juan Bustamante en una casa más antigua pero menos suntuosa. El asunto está en que Juan Bustamante, siendo gobernador, se aprovechó de una ley dictada por Lerdo de Tejada, que se llamó la "Ley de linderos", para quitarle la hacienda de El Salado a su compadre Atilano Benavente. Yo tengo el mapa de la hacienda de El Salado, de 1882, que marca un territorio de alrededor de 250,000 has. Ese plano lo toma como referencia Juan Bustamante para argumentar conflictos de linderos con la hacienda de San Juan de Vanegas y así es como le quita El Salado a su compadre Atilano Benavente. En ese plan trae la leyenda de que Juan Bustamante está pidiendo el reconocimiento de propiedad de la hacienda. Esa leyendita se escribió en 1888. Pero ahí no quedó la cosa. Benito Juárez fue un ratero y apoyó a rateros a lo canijo. Su cuate aquí en San Luis, o su mano derecha, fue precisamente Juan Bustamante, quien acaparó tierras hasta que se hartó. Cuando terminó el mandato de Juárez, aquí en San Luis a Bustamante lo desaforaron por ratero y el gobierno, basándose en una ley de recuperar fundos legales, le expropió todas las tierras que se había robado, pero la verdad es que no les regresó las tierras a sus dueños originales, como el caso de El Salado a Atilano Benavente, sino que los nuevos gobernantes se las repartieron entre ellos".

6. La estación de El Salado era un rancho de la hacienda donde había corrales. Cuando trazaron la línea de ferrocarril decidieron poner estación allí porque era una hacienda muy rica que comercializaba sus productos y también era ruta comercial muy importante; así fue creciendo el pueblito que ahora es estación El Salado.

7. En la época de la Revolución robaron muchas cosas aquí y luego, cuando empezó a caerse la hacienda, las personas que ahora viven allí guardaron la campana y el cuadro de la virgen; ellos la cuidan. La virgen de bulto que había en la capilla se la llevaron a La Ventura, Coahuila.

8. Uno de los dueños se llamaba Jesús Bustamante. Cuando murió lo sepultaron en el panteón de la hacienda, pero muchos años después vinieron los hijos, o los nietos, y exhumaron los restos para llevárselos a México. La tumba de don Jesús quedó abandonada y luego la ocuparon para sepultar a alguien más.

9. Alejandro Escudero Pumarejo narra lo siguiente: "Una tarde de 1898, John Thompson iba a caballo de El Salado a la estación de tren cuando empezó una tormenta eléctrica. Para protegerse de la lluvia se puso abajo de un árbol. Entonces le cayó un rayo. Se cuenta que le entró por el sombrero y salió por las botas; que los botones de su traje de charro eran de plata y que se hicieron como carbón. Sus restos fueron sepultados en la capilla de La Poblazón, donde aún existe la lápida".

10. Jorge Borjas explica lo siguiente: "Joaquín de Arguinzóniz llegó de España siendo un don nadie. Por su educación, su porte y, sobre todo, por ser español, logró casarse con una mujer riquísima de los Barragán de Ciudad del Maíz y así pudo codearse con las mejores familias de San Luis –que los Verástegui, que los Cabrera, que los de la Gándara y esas familias. Ya estando muy bien acomodado se trajo de España a sus hermanos y a todos los casó bien y fue así como Mariano de Arguinzóniz se hizo dueño de El Salado y también adquirió muchos bienes y casas aquí en la ciudad de San Luis".

11. Se dice que Mariano de Arguinzóniz tenía otras haciendas que colindaban hasta los rumbos de Ciudad del Maíz y que en El Salado hubo empleados de Ciudad del Maíz. Cada viernes venía un pagador desde allá y se llevaba la raya. Matías Molgado agrega al respecto: "Así como al [ganado] semoviente, igual traían a los trabajadores, o sea que los llevaban a una hacienda a trabajar y luego los cambiaban a otra. Los que aquí nunca se hallaban eran los inditos de la Huasteca".

12. También Se dice que Mariano de Arguinzóniz era un viejo avaro multimillonario que se hizo rico prestándole dinero a mucha gente y también como prestanombres del gobierno de Porfirio Díaz. Ya entrada la Revolución se cambió al bando de Victoriano Huerta y esa fue su desgracia. Parece que murió en España, cuando todas sus propiedades en México estaban intervenidas.

13. Matías Molgado recuerda lo siguiente: "Los guayuleros trabajaban en el monte cortando la planta y luego llegaban las carretas cargadas de pacas que iban directo a la fábrica que estaba en el casco (ahora desaparecida por completo), donde les sacaban el jugo. Luego salían los bloques de hule que llevaban a la estación de tren y los mandaban a los Estados Unidos para hacer llantas. En la Noria de Jesús se concentraba mucho del guayule para luego traerlo a la fábrica en El Salado."

14. Cuentan los lugareños que en varias ocasiones personas desconocidas han profanado las tumbas antiguas por creer que hay tesoros. Dicen que si acaso hubo tesoros éstos eran los anillos y las joyas que pudieron haber tenido los esqueletos.

15. Rodolfo Ávila es más explícito al narrar lo siguiente: "Los descendientes de Juan Bustamante vinieron a llevarse los restos porque querían un Cristo de oro con que lo habían sepultado, supuestamente. Yo me acuerdo cuando abrieron la caja y no había ningún Cristo de oro. Echaron los restos en otra caja y se los llevaron a San Luis".

16. Matías Molgado cuenta lo siguiente: "A las hijas de don Mariano –eran puras mujeres que llevaban el apellido Arguinzóniz Barragán– fue a las que les tocó la herencia, lo que quedó después de la Revolución. Ellas nunca volvieron aquí, pero dicen que cada dos o tres años iban al Valle, un ranchito que también era de ellas y la casa estaba entera. Dicen que venían a cobrar rentas".

17. Rodolfo Ávila recuerda lo siguiente: "Aquí nunca han venido los candidatos a alcalde y menos los candidatos a gobernador; a lo mucho van a la Estación. Los únicos que vienen aquí son gente como usted que quieren conocer la hacienda, lo que queda de la hacienda. Tocante al monumento (de la Ruta de Hidalgo), yo me acuerdo que cuando lo pusieron fue la única vez que vino un alcalde. Ese día hicieron fiesta y lo pusieron ahí donde está. Unos *maistros* hicieron la base y luego subieron la cabeza del águila –la verdad no me acuerdo si usaron grúa o qué porque se ve que está muy pesada. Luego hubo una comida y de rato alguien se dio cuenta de que la cabeza estaba puesta al revés, o sea que no está mirando hacia el norte. Ese señor que se dio cuenta le dijo al alcalde y, entre música, comida y bailongo, el alcalde *nomás* le contestó: "Ni modo, así la pusieron y que así se quede que p'al caso la mezcla ya se secó".

Leyenda

Murieron buscando un tesoro

Así cosas de espantos aquí nunca se han sabido. Han llegado gentes que traen aparatos para buscar tesoros y escarban, pero que sepamos… no han encontrado nada. Hace poco vinieron unos muchachos de Monterrey o de Saltillo y escarbaron junto a un árbol viejo y *nomás* encontraron unas herraduras.

Hace mucho platicaban que una vez llegaron unos hombres en tren. Parece que *traiban* cosas para escarbar. Hablaron con gentes de aquí y les dijeron que andaban buscando una hilera de mezquites agilados que porque ahí estaba un tesoro que habían enterrado los de una gavilla que robó la hacienda hace muchos años. *Traiban* ellos un derrotero viejo, parece que en piel de cabra, y ese derrotero tenía pintados esos mezquites agilados. Anduvieron preguntando y parece que alguien les dijo que allá rumbo a las norias había unos mezquites *ansina* de agilados. No sé si la Noria del Cinco o la Noria de Jesús o alguna otra; es que aquí hubo muchas norias donde había ranchos hacendarios.

Los hombres que le digo consiguieron aquí caballos y se fueron a buscar esos mezquites para sacar el tesoro. Como al cuarto día alguien de San Juan de la Cruz llegó con la novedad de que había unos hombres muertos junto a un pozo. La gente fue a ver y eran esos mismos hombres que habían estado aquí preguntando. Luego dieron aviso a las autoridades allá en Vanegas y parece que ahí quedó la cosa. Nunca se supo de qué se murieron esos hombres porque las autoridades no descubrieron que los *haigan* matado o que los *haigan* robado. Todas sus cosas estaban enteritas y los caballos también, o sea que se murieron de algo que nosotros no sabemos, que nadie supo.

Luego salen las pláticas y me acuerdo que decían que por aquel rumbo de San Juan de la Cruz que desde siempre espantaban, que salían las ánimas y esas cosas. Quién sabe qué habrán visto esos hombres que a lo mejor se murieron de susto. No creemos que se *haigan* muerto por el gas envenenado que sueltan los tesoros porque no encontraron nada. Nunca se supo que *haigan* encontrado nada.

Juanita Yáñez

ESPÍRITU SANTO

Nombre original: Hacienda del Agua del Espíritu Santo.
Ubicación: Espíritu Santo, municipio de Pinos, Zacatecas.
Distancias: 170 km de la capital del estado.
    43 km al norte de la cabecera municipal.
Giro económico: Agrícola, ganadero y mezcalero, ixtlero.

Nota: Espíritu Santo fue el nombre de la hacienda y ahora de la población. Algunos mapas la marcan como San José de Espíritu Santo, siendo éste un rancho hacia el norte.

Descripción arquitectónica y condiciones hasta 2012

El casco de esta hacienda fue una fortaleza amurallada desde el siglo XVII. A través del tiempo, y seguramente por las circunstancias políticas y sociales, fueron añadiéndosele elementos para hacerlo más seguro. Por ejemplo: en el remate de la puerta de entrada se leen dos fechas: "Construida en 1848" y "Reconstruida en 1898". Tanto por la construcción original como por la posterior reconstrucción, se puede deducir que toda la muralla exterior fue agregada en aquel tiempo, habiendo una muralla más antigua, con torretas de vigilancia en cada esquina, las cuales se ven muy deterioradas. De todo esto, en la actualidad el muro principal que da al poniente se ve muy sólido, mientras que el del norte y el del oriente presentan signos de deterioro y el del sur tiene partes derrumbadas o en completa ruina.

La tipología del casco está muy concentrada, con todo lo indispensable en el interior, desde la casa grande hasta los graneros y caballerizas, además de la mezcalera y la tallandería, que fue posterior. A simple vista parece estar relativamente bien conservado, aunque muchas construcciones se encuentren abandonadas. Se ven muy sólidas las pilastras y los guardacantones que también servían como contrafuertes para las trojes. Hacia la izquierda, cerca de la iglesia, hay un edificio con torre de campanario. Era la casa del capataz, en la cual se ve un pabellón de vigilancia interno de cantera, al cual se accede por una escalera de caracol.

Al noreste se ubica la iglesia dedicada a la Virgen de la Purísima Concepción. No es de extrañarse que sea lo que mejor se conserva por ser de uso comunitario. Es de estilo neoclásico, con una sola torre. El interior tiene la forma de cruz latina. La ornamentación es sobria y cuenta con todos los elementos convencionales, pese a que sufrió embates durante la guerra cristera.

Atrás de la iglesia estaban los hogares de los trabajadores. Casi todo se ve abandonado. A un lado de la iglesia hay un edificio que, en los tiempos de esplendor de la hacienda, servía como casas del administrador y los empleados de más confianza. También está abandonado. En un cuarto quedan vestigios de haber albergado una escuela hasta hace pocos años.

En la parte sur se ubica la casa grande que desde hace varios años está en reconstrucción, sin mostrar muchos avances. Hay habitaciones bien cuidadas que son de uso vacacional de sus dueños actuales. Otras se encuentran abandonadas, aunque no en deterioro. El patio central tiene un juego de cuatro arcos de medio punto por los cuatro costados, pero sin los techos que les daba el aspecto de corredores.

A un lado de la casa grande, hacia el poniente, estaba la fábrica de mezcal que dejó de funcionar hace muchos años. Pese al abandono, la estructura de estos edificios se ven en buenas condiciones.

Al otro lado de la casa grande, hacia el oriente, hay varias trojes en desuso. Por una de ellas se accede al área más arruinada de todo el casco. Allí estuvieron las caballerizas en algún tiempo, aunque después se remodeló para instalar la tallandería de ixtle y de fibra de palma. Más al fondo hay otra área que, por el tipo de cantera en los arcos, parece ser más nueva, tal vez de la remodelación de 1898 o posterior. Está abandonada y en vías de la ruina, al igual que otras construcciones que rodean el huerto trasero de la casa grande y los antiguos corrales.

Reseña histórica

1591:   Se establecen en esta región los primeros conquistadores con familias tlaxcaltecas, tanto para que trabajaran sus tierras como para que les ayudaran a luchar contra los huachichiles. Algunas familias quedaron asentadas en San José del Espíritu Santo, sin que el lugar se mencione como hacienda, aunque había allí un presidio o fuerte militar.

1562:   Pedro de Ahumada Sámano funda un presidio en Bocas de Maticoya, el cual que se extendía hasta la hacienda del Agua del Espíritu Santo, propiedad del capitán Gabriel Ortiz de Fuenmayor.

1617:   Fallece Gabriel Ortiz de Fuenmayor en Espíritu Santo. En su testamento dejó todos sus bienes a su sobrina Inés de Fuenmayor.

1638:   El propietario es el capitán Juan Ramos de la Vega y Serrano.

Siglo XVIII: Lucas López de Fonseca es el dueño a mediados de este siglo. Él contribuyó en la construcción de muchas obras dedicadas a Jesús Nazareno en Zacatecas y, en 1744, costeó toda la construcción de la iglesia de Teocaltiche.

175-:   Sin que se tengan fechas precisas, otro propietario fue Isidro Gómez de Neyra.

179-:   Ignacio Orrochúa es mencionado como el dueño a finales del siglo. Él contribuyó con caballos al ejército "Los dragones" comandado por Félix María Calleja.

1811:   A finales de enero, Miguel Hidalgo pasó por aquí con un pequeño ejército. No existen documentos que avalen este hecho, como tampoco leyendas que lo recuerden, pero por aquí pasaba el camino real entre Salinas y Matehuala, siendo la ruta obligada que ese grupo insurgente debió haber tomado.

1817:   En junio, llega Francisco Javier Mina a Espíritu Santo luego de haber ganado una batalla en Peotillos (en el municipio de Villa Hidalgo, S.L.P.). A su llegada con su pequeño ejército, se sorprendió de que el casco estuviera desierto de hombres y que el dueño o el administrador no se encontrara. No obstante, las mujeres salieron en procesión con la imagen de la Virgen de Guadalupe, implorando clemencia, pues pensaron que los insurgentes saquearían la hacienda. Grande fue su sorpresa advertir que esa tropa era muy respetuosa y pagó todo su consumo con dinero, según citan algunas fuentes. (Otras fuentes afirman, sin embargo, que Mina y su gente a los pocos días saquearon la hacienda de Jaral de Berrio, Gto.).

1835:   El 11 de mayo, inicia la construcción de la iglesia, posiblemente sobre una capilla más antigua. Fue acabada, en su mayor parte, el 8 de marzo de 1839.

18--:   A mediados de este siglo, sin que se sepa a quién la compró, el dueño de Espíritu Santo era Zacarías Igueravide Zuloaga (el primer apellido también escrito Iguerabide). Él fue un vasco nacido en 1820 en Tolosa, Guipúscoa. Se casó en primeras nupcias con María del Pilar Martín Aguirre, hija de Matías Martín Aguirre cuyo nombre se asocia a las haciendas de El Salado (municipio de Vanegas) y La Boca (municipio de Villa de la Paz).

18--:   Los toros de lidia de esta hacienda son muy conocidos por su casta y bravura, compitiendo en fama regional con los de la casi vecina hacienda de Guanamé cuyos toros son reconocidos a escala nacional.

1860: El 27 de septiembre, Zacarías Igueravide se casa en terceras nupcias con Guadalupe Berrenechea Soberón. Tuvieron dos hijos, Manuel y María.

1864: En junio, un tal José Gallardo invade la hacienda de Espíritu Santo con 300 hombres. Después de saquearla y secuestrar al administrador se fueron hacia Venado.

1872: El 6 de febrero, muere José del Pilar Igueravide y Martín en Espíritu Santo; tenía 26 años. Era hijo de Zacarías Igueravide y su primera esposa María del Pilar Martín.

1885: El 1° de julio, se casa María Igueravide Berrenechea con Francisco Fernando Hoyo Llaguno, nacido en 1859. Tuvieron dos hijas y tres hijos.

1889: La Compañía Limitada del Ferrocarril Central Mexicano adquiere terrenos de Espíritu Santo para tender las vías férreas de la ruta Chicalote-Tampico. La estación se inauguró el 15 de abril de 1890.

1895: Fallece Zacarías Igueravide Zuloaga, heredando sus propiedades, incluyendo la hacienda de San Tiburcio, Zac. a su yerno Francisco Fernando del Hoyo.

19—: Tras la muerte de su padre, Alejandro Hoyo Igueravide hereda parte de sus bienes y la hacienda de Espíritu Santo, la cual perdió casi todos sus territorios con la Reforma Agraria, quedando parte del casco y la casa grande para la familia.

HISTORIAS, ANÉCDOTAS, TESTIMONIOS E HISTORIA ORAL

1. En las torres de vigilancia siempre había gente armada que tenía órdenes de disparar a cualquier malhechor, primero a los huachichiles, luego a las gavillas y más adelante durante las continuas guerras.

2. En lo que era la casa del capataz está el balcón desde donde el capataz observaba todo lo que ocurría en la hacienda. Si no estaba él presente, siempre había un hombre de su confianza supervisando o espiando las actividades de la gente.

3. En la época de la guerra de Independencia, por aquí pasaba el camino real entre Zacatecas y San Luis Potosí. Aunque la hacienda tenía tienda para vender productos a los transeúntes, no había un mesón. Si les daba la noche, los arrieros solían acampar afuera de los muros de la hacienda. Si en alguna diligencia venía alguien importante, le daban albergue adentro de la casa grande.

4. Durante la Revolución llegó a Espíritu Santo un peón a todo galope, quien venía de la fábrica mezcalera en Tolosa para avisarle al hacendado que los carrancistas pasarían por allá en su avanzada hacia a Salinas. El hacendado, quien ya había escondido partes de sus riquezas, se fue con su familia a alguno de sus ranchos o estancias alejados de las rutas más comunes. Para entonces, eran pocos los hombres que estaban trabajando en la hacienda, ya que muchos se habían unido a algún ejército. Cuando llegaron los revolucionarios, sólo encontraron mujeres y niños. Aquéllos lograron tumbar la puerta de acceso y entraron al casco, sorprendiéndose de que todas las mujeres y sus niños estuvieran en la plazoleta con la imagen de la Virgen de Guadalupe. Ellas pidieron que no se les hiciera daño. Los revolucionarios las respetaron, con la condición de que alimentaran a todos los hombres y a sus caballos. Se quedaron allí dos días hasta reponer fuerzas y seguir su camino. Saquearon lo que pudieron, pero respetaron a los pobladores.

Nota: cabe señalar que este recuerdo de historia oral tal vez sea una reminiscencia de lo sucedido cuando aquí llegó Francisco Javier Mina con su pequeño ejército en 1817 y se confundan los eventos.

5. Cuando la hacienda empezó a elaborar mezcal, primero tuvo sus fábricas en otros ranchos, como Tolosa y Santa Gertrudis. Hubo una época en que era tanta la demanda que los hacendados decidieron instalar una fábrica en el casco de Espíritu Santo. Como aquí tenían acceso a supervisar el mezcal, era el de mejor calidad en toda la región.
6. Durante la Guerra Cristera llegó un grupo de bandoleros que, aprovechando la confusión, pidió alojamiento con la promesa de que vería por el bienestar de la hacienda. Se les dio albergue y buen trato en Espíritu Santo y la gente estaba conforme con ellos. Sin embargo, cuando se fueron, los lugareños cayeron en cuenta de que aquellos hombres habían saqueado la iglesia. Se llevaron cuanto pudieron, menos las imágenes de bulto.

Leyenda

Ánimas de la Revolución

Mire, pues de lo que pregunta yo le puedo decir que eso de los aparecidos es muy cierto; siempre se aparecen ánimas por todas partes. Es que sabemos que aquí hubo muchos muertos en aquellos años de la Revolución. Sabemos, porque nos platicaban los viejitos de antes, que aquí mataron a muchísimos inocentes y eran tantos que los dejaban ahí tirados; con decirle que ni siquiera les daban sepultura porque casi no había gente que pudiera llevar a enterrar a los muertos. No, qué barbaridad, la gente se fue huyendo a los cerros, a otros pueblos, a los ranchos, a donde fuera porque aquí, como era hacienda muy rica, se iban unos revolucionarios y al día siguiente llegaban otros. No, pues imagínese entonces: los muertos se quedaban ahí tirados que hasta los zopilotes se los comían. No, qué feos tiempos aquellos. Y ni qué decir de los colgados en los mezquites: terminaban secándose sin que nadie viniera a bajarlos para luego llevarlos al panteón.

Entonces ahí la explicación de las ánimas que se aparecen, ¿verdad? Son de gente que no encontró descanso porque no los llevaron a sepultar al panteón. Como ni había sacerdotes que los santolearan, pues ahí siguen penando esas ánimas todavía.

Sabemos que aquí en Espíritu Santo no hubo matazones porque fuera un pueblo. No, aquí se dieron las matazones porque era hacienda; hacienda rica. Como los trabajadores, o su prole, tenían rencor contra los hacendados se unieron a la Revolución y vinieron aquí a cobrar cuentas pendientes y por eso hubo matazones.

Y sí, todavía luego alguien viene y cuenta que se le apareció un muerto que en el monte, que en la calle, que por ahí en una troje, que en un solar y cosas de esas. Mucha gente no cree, pero los que sí hemos visto ánimas en pena, o sea fantasmas, pues sabemos que lo que otros amigos platican sí es cierto.

Rosendo Sánchez 

GUANAMÉ

Nombre original: Zapenguanamé o San Juan de Zapihuanamé
Ubicación: GUANAMÉ, municipio de VENADO, S.L.P.
Distancias: 84 km de la capital del estado.
    20 km al poniente de la cabecera municipal.
Giro económico: Ganadero.

Nota: Se cree que la palabra Guanamé, de origen huachichil, significa "agua buena". Sin embargo, se desconoce el significado de Zapihuanamé o Zapenguanamé, el o los nombre(s) original(es) de esta hacienda.

Descripción arquitectónica y condiciones hasta 2012

El casco de esta enorme hacienda tiene áreas muy definidas para casa grande, trojes, corrales y casas de trabajadores. Casi todo está abandonado, aunque en buenas condiciones, o bien, varias trojes han sido adaptadas para uso habitacional. El antiguo estanque sigue en funciones y provee de agua a la comunidad. Las huertas conservan su uso, pese a ya no ser tan productivas como en el pasado.

El conjunto de la casa grande integraba una huerta, caballerizas, el templo y habitaciones para la servidumbre. Algunas de éstas son ahora vivienda de la familia que cuida la propiedad. En la parte trasera hay caballerizas en ruina, pero también existen arcadas de ladrillo con rodapié de cantera, tal vez levantadas a finales del siglo XIX o principios del XX. Tales arcadas contrastan con las más antiguas, de adobe y cuartón, con rodapié de piedra. Muchos de los muros perimetrales traseros están cayéndose o en ruina.

La larga fachada del conjunto principal, con señas de deterioro, muestra elementos de finales del siglo XVIII y otros del XIX. Tales elementos hablan, quizá, de las remodelaciones que en distintas épocas se hicieron. En el remate de la puerta principal hay un escudo heráldico, presuntamente del conde de Pérez-Gálvez.

El templo original de la hacienda es la iglesia del pueblo y está dedicado a la Virgen de la Asunción. Se encuentra en muy buenas condiciones. A un lado se ubica la "catedral inconclusa" que se utiliza para reuniones cívicas. Esta enorme construcción, con fachada de estilo neoclásico, presenta las bases para las dos torres que, en lenguaje eclesiástico, significa santuario o catedral, efectivamente. En el remate de la puerta hay un sello que parece ser símbolo papal. Puede tomarse como una ornamentación más, pero es muy probable que, por capricho del hacendado quien quería tener una catedral, se instaló allí, trasgrediendo los cánones. El interior del recinto tiene forma de cruz latina y el altar también es de estilo neoclásico. El tambor para la cúpula es imponente, pero la cúpula ni siquiera se empezó. Como la construcción no se terminó, jamás se utilizó para el culto, no recibió la consagración ni tuvo imágenes.

Observación: El pueblo de Guanamé creció alrededor del casco y se ha extendido hacia el norte y el oriente. Hay una escuela justo enfrente de la "catedral inconclusa", siendo desafortunada su ubicación porque le resta visibilidad a tan interesante construcción del siglo XIX.

Reseña histórica

1611: Se estima que haya sido en este año cuando el capitán Juan de la Hija se estableció en estos territorios y fundó Guanamé, aunque con el nombre de San Juan de Zapihuanamé (una fuente señala que Guainamé era el nombre de un guerrero huachichil).

Siglo XVII: Sin especificar fechas, otra fuente señala que a finales de este siglo Fernando García de Roxas fundó la hacienda de San Jacinto de Zapenguanamé para su hijo Jacinto.

Siglo XVIII: Guanamé tuvo varios propietarios por herencia o compra venta, como la familia Maldonado-Zapata, a principios de este siglo, y el Padre Flores, un clérigo que hizo gran fortuna gracias a una mina de plata que descubrió en Real de Catorce, en 1780.

180-: Sin saberse las fechas de transición, para este inicio de siglo José María Sánchez y Mora, conde del Peñasco, era el dueño. Posiblemente se la compró al Padre Flores, con quien había tenido algunos altercados.

» » Algunas fuentes citan que, a principios de 1800, Guanamé pertenecía al marqués de Rivas Cacho. En cierto momento, el marqués tenía una hipoteca al 5% de rédito anual por lo que se vio obligado a enajenar Guanamé al acreedor bachiller José Manuel Alatorre. Éste decidió venderla de inmediato, siendo el comprador Antonio José Pérez-Gálvez Andújar Gálvez Crespo y Gómez, 1er conde de Pérez-Gálvez.

Nota: Se menciona al marqués de Rivas Cacho, pero no se especifica cuál marqués, pues el primero de esta casa fue Manuel Rivas-Cacho, quien falleció en 1768 y, tiempo atrás había transferido sus haciendas de Bocas y de Las Cruces. Sin embargo, a principios del siglo XIX, el tercer marqués de Rivas Cacho era Sebastián Ozta Cotera, nombre que no se le menciona en la historia de Guanamé.

1811: A principios de febrero, el ejército de Miguel Hidalgo llega a Guanamé en caballos y carretas. Como no pudieron cambiar los caballos aquí, se quedaron tres días para que descansaran.

1832: Fallece Antonio José Pérez-Gálvez, quien había extendido los territorios de la hacienda a 400,000 has. Sin tener descendencia, su hermana, Francisca de Paula de Pérez-Gálvez y Obregón heredó el título (que para esos años ya no eran válidos en México), la hacienda de Guanamé y todos los bienes. A partir de entonces se impulsó la cría de toros de lidia que dieron tanta fama a Guanamé.

1864: El 12 de abril, el barón Aymard se establece en Guanamé con 400 soldados franceses, mientras que el general Tomás Mejía tenía su división apostada en Venado.

1867: En diciembre, el gobierno general devuelve los bienes de doña Francisca de Pérez-Gálvez que le habían requisado como represalia por haber sido gran simpatizante del Imperio de Maximiliano.

1868: En abril estuvieron de paso en Guanamé el coronel Zuazua y su ejército de Nuevo León cuando se dirigían a Zacatecas. Iban acompañados por Santos Degollado.

» » El 11 de septiembre, fallece doña Francisca de Pérez-Gálvez en la ciudad de México. Dejó como heredero universal a su sobrino Miguel Rul y Azcárate, quien había heredado todos los bienes de la Casa Rul y Valenciana.

1869: Matías Hernández Soberón, luego de haber adquirido la hacienda de Las Cruces junto con su hermano Antonio María, compró Guanamé y en esa época se logró el mayor auge económico de esta hacienda. Su producción ganadera era tal que llegó a tener su propio rastro o casa de matanza en San Luis Potosí, a la cual se le conocía como Matanza de Guanamé o Matanza de don Matías.

» » El 16 de julio, Matías Hernández Soberón (1826-1909) reporta que por sus haciendas de Las Cruces, Guanamé y la de Gallinas (¿municipio de Villa de Arriaga, S.L.P.?) andaban pequeños grupos de hombres armados que pretendían alterar el orden.

1871: El coronel Evaristo Dávalos y el general Pedro Martínez imponen un "préstamo" (pago obligado o "derecho de piso", como diríamos ahora) a Guanamé y otras haciendas.

1872: El 17 de marzo, en la casa grande de Guanamé mueren de pulmonía los hijos gemelos de Atanasio Hernández y Matilde Travanco, quienes habían nacido en la vecina hacienda de Las Cruces el 1° de febrero.

» »   El 11 de agosto, el general Pedro Martínez amenaza ocupar la hacienda de Guanamé.

1890: Mariano Hernández Ceballos se convierte en el propietario de Guanamé tras la muerte de su padre Joaquín Hernández Pérez de Soto en su hacienda de Solís. No se sabe cuándo, cómo ni por cuánto le compró la hacienda de Guanamé a su primo Matías Hernández Soberón.

1895: La fama de los toros de lidia de Guanamé era nacional. José Francisco Coello Ugalde apunta en su blog que el periódico La voz de México publicó el 5 de octubre: "Los ejemplares que producía (el Sr. Hernández Ceballos) eran auténticos elefantes enfurecidos, (tanto que) dicen que los toros de Guanamé son los que hicieron que a los aficionados de San Luis Potosí les gustaran los toros corpulentos y cornalones".

1900: En su libro inédito *200 haciendas potosinas y su triste fin* (1957), Octaviano Cabrera Ipiña anota que Mariano Hernández Ceballos adquirió la hacienda de Guanamé en este año, lo cual no coincide con las dos citas anteriores.

1909: El 23 de noviembre, fallece Matías Hernández Soberón, terrateniente, empresario y político potosino. Aunque para ese año ya no era propietario de la hacienda de Guanamé, sí lo era de la Casa de Matanzas de Guanamé, la cual dejó a su viuda María del Pilar Toranzo de la Peña, entre muchos otros bienes.

1911: Guanamé cuenta con tan solo 251,051 has, tras el estallido de la Revolución. A partir de entonces, y con la repartición ejidal, perdió casi todos sus territorios, aunque la casa grande quedó en manos de particulares.

1912: Durante la Revolución mexicana, se registra la batalla de Copalillo, un lugar que, supuestamente, era parte de la hacienda de Guanamé en territorios del ahora municipio de Santo Domingo.

1937: El 2 de noviembre, la Comisión Agraria Mixta expropia 6,880 has de Guanamé a José Hernández Berrenechea y hermanos.

Nota: La historia de Guanamé está íntimamente ligada a la de Bocas y Cruces, desde sus orígenes hasta su decadencia. Peñasco es otra hacienda que puede incluirse en este cuarteto de grandes latifundios.

Historias, anécdotas, testimonios e historia oral

1. Cuando llegaron los conquistadores a fundar esta hacienda, las tierras estaban ocupadas por los negritos (bocalos) y los huachichiles. Como eran muy bravos y nunca se dejaron subyugar, los españoles trajeron a los tlaxcaltecas para que ayudaran a dominar a los nativos de aquí y también para que trabajaran en las haciendas, en esta hacienda en particular. Los tlaxcaltecas estaban del lado de los españoles porque éstos habían dominado a los aztecas que eran los enemigos naturales de los tlaxcaltecas; entonces así hicieron alianzas.

2. En la casa grande los hacendados tenían un teatro que estaba afuera del comedor y desde el ventanal se podían disfrutar las obras. Eso sucedía cuando venían con sus familiares y sus invitados y organizaban bailes y teatro. Tocaban piano y cantaban y así se divertían

ellos, pero sólo ellos porque ni los trabajadores de más confianza tenían invitación para disfrutar de los eventos culturales.

3. Se dice que Miguel Hidalgo ofició misa una tarde en la capilla de la hacienda, a la cual asistieron todos los trabajadores no porque fuera el líder insurgente, sino porque se trataba de un sacerdote. Otras personas de la localidad dicen que, de haber oficiado misa, debió haberlo hecho en la catedral inconclusa, pero lo cierto es que esa aún no existía ni como proyecto en 1811.

4. Cuando Miguel Hidalgo continuó su camino hacia Venado, en un lugar conocido como Las Pitahayas le salió al paso un numeroso grupo de huachichiles y, posiblemente, tamasecos. Los soldados del ejército prepararon los fusiles, pero no hubo disparos porque los nativos querían hablar con Hidalgo. Llegaron a un acuerdo y se unieron al ejército, sirviéndole de guías y traductores.

5. Se dice que fue el 1er conde de Pérez-Gálvez quien ordenó construir la iglesia inconclusa con el propósito de convertirla en catedral y, por ende, en obispado, lo que le hubiera valido a Guanamé el título de ciudad e, incluso, de capital de estado. Sin embargo, el gobierno no aprobó el proyecto para así evitar que San Luis Potosí no perdiera territorio.

6. En la hacienda había dos caballerizas. Una de ellas era exclusiva para los caballos finos, que le decían "el machero".

7. Los toros de lidia de Guanamé eran tan finos y bravos que no cualquier torero en la Ciudad de México se atrevía a torearlos.

8. La calidad del ganado de esta hacienda era tal que en la ciudad de San Luis Potosí había una casa de matanza (rastro) exclusiva y, además, la de mayor prestigio en su tiempo. De Guanamé salían los hatos de ganado hacia la capital del estado con un mínimo de 1,500 cabezas, mientras que los envíos a México eran de más de 3,000 cabezas.

9. En algún tiempo aquí hubo monjas y cuentan que uno de los sacerdotes tuvo hijos con algunas de ellas; era un padrecito muy mañoso. Como no estaba permitido que los religiosos tuvieran familia, si alguna de las monjas quedaba embarazada entonces mataban al bebito y lo empaderaban en un cuadrito de la pared de la iglesia.

10. Existe un punto llamado "el Puente del francés", donde se dice que capturaron a un soldado de esa nacionalidad que allí se escondió cuando su pelotón fue derrotado en Guanamé. Esto debió suceder durante la Segunda Intervención Francesa (1862-1867). La historia oral no relata por qué hubo una batalla en esos territorios, aunque es de suponerse que ocurrió cuando el gobierno liberal de Benito Juárez se replegó hacia la frontera con los Estados Unidos. La historia oral tampoco explica si los hacendados apoyaban al gobierno conservador de Maximiliano o a los liberales.

11. Los dueños de Guanamé no vivían aquí; sólo tenían administradores. Venían poco porque tenían su casa allá en San Luis enfrente de la plaza de San Francisco, al lado norte.

12. En Guanamé trabajó un hombre llamado Luis Díaz, quien antes había sido el alcalde de Villa Concordia, también conocida como Salinillas. Cuando desapareció aquel municipio, don Luis consiguió primero empleo en Cruces antes de mudarse para acá.

13. El día de santo de don Mariano Hernández Ceballos era en julio y para celebrarlo venía

con toda su familia y hacían una gran fiesta que duraba hasta el 15 de agosto, cuando se organiza aquí la fiesta patronal. Después de la Revolución, nadie de aquella familia regresó.

14. En la época de la Revolución mataron a varios administradores de la hacienda porque el pleito que había aquí era que la federación no quería a la gente del campo porque decían que éstos les hacían más caso a los revolucionarios; o sea que los campesinos le tenían tirria al gobierno.

15. Víctor López y doña Marica, vecinos de San Matías (municipio de Santo Domingo) cuentan que en Copalillo, parte de los territorios de Guanamé, hubo una batalla entre los federales y los revolucionarios; allí murieron varias personas y o los dejaron tirados o los enterraron así *nomás*.

16. El 26 de marzo de 1914 llegó a Guanamé un ejército comandado por los hermanos Gutiérrez, ambos generales, y el coronel Matías Ramos que después sería jefe de la Defensa Nacional. Llegaron 2,500 hombres de San Luis Potosí, pero eran hombres de ciudad que no conocían nada de la vida de campo y aquí los revolucionarios eran pura gente de rancho, gente de a caballo, gente de a pie. Cerca de La Trinidad hubo una batalla. Los generales traían un cañón y se disponían a dispararlo cuando un chamaco de aquí, de trece años, en caballo se fue a todo galope, lazó el cañón y se lo trajo. Esto provocó confusión entre los federales y entonces los revolucionarios, que ya se habían dispersado ordenadamente hacia varias direcciones, los agarraron a fuego cruzado. Así, los revolucionarios ganaron aquella batalla y los federales que quedaron vivos fueron capturados y luego fusilados.

17. Cuentan que durante la Revolución hubo un administrador llamado Dionisio Díaz. Se hizo rico porque sabía dónde habían escondido sus tesoros los hacendados y se llevó un gallo lleno de oro, o sea, una alcancía muy grande que estaba llena de monedas de oro.

18. Hace como 50 años hubo un administrador de nombre José que empezó a tumbar arcos y a llevarse cosas. Vino gente de San Luis y le pararon el alto para que no destruyera la casa de la hacienda. Otros administradores antes se habían robado muchas cosas también: mesas, camas, toda la plata de los utensilios de cocina, hasta que dejaron todo vacío. Ese José también quiso llevarse la "corona del rey" (el escudo heráldico que está en la puerta principal de la casa) y no lo dejaron porque, dicen algunas personas, eso representa que esta hacienda era "del rey de España".

19. El monumento de la ruta de Hidalgo lo puso al ejido. Un día de 1960 llegó un camión, descargaron la cabeza del águila y ahí la dejaron. El chofer les dijo a unas personas de aquí

que, por órdenes del gobierno, construyeran el monumento y les dejó un plano de cómo debía ser. También dejó bultos de cemento y grava. Entonces la gente hizo el pie con mezcla y luego colocaron la cabeza. Desde entonces, cada 16 de septiembre la comunidad hace un festejo cívico junto al monumento.

LEYENDAS

EL ORIGEN DEL NOMBRE DE GUANAMÉ

Nosotros hemos buscado los títulos de propiedad y cosas de registro de la hacienda. Una vez yo leí un documento que decía por qué Guanamé se llama así. Resulta que el Rey de España iba rumbo a Charcas para ver el avance de las minas de allá. El Rey venía montado en una yegua que se llamaba Guana. A un lado del Rey iba caminando un mozo que conocía muy bien el rumbo y él arreaba esa yegua y al resto de la caballada. En eso se detuvo la yegua del Rey y por más que le picó con las espuelas no se quería mover. Entonces, en esas escrituras estaba anotado que el mozo le dijo al Rey: "Guana meé", o sea que le estaba diciendo al Rey que Guana –la yegua– estaba meando. Es que el mozo no hablaba muy bien español todavía porque era indio huachichil. Al Rey le dio mucha risa y entonces decidió que este punto se llamara Guanamé.

Rubén Rodríguez

De la hacienda de Guanamé cuentan un chiste que toda la gente del municipio de Venado sabemos. Es que dicen que iba un guayín jalado por mulas y una de ellas se llamaba "la Buena". Cuando iban por aquel rumbo de la hacienda, esta mula se detuvo para orinar y eso hizo que se detuviera el guayín. Pero como el carretero traía prisa, entonces le dio de latigazos a la mula para que siguiera caminando. En eso, una de las personas que iba con él le dijo: "Espérate, deja que "la Buena" mee, deja que "la Buena" mee". O sea, él le decía al carretero que "la Buena" quería mear y que la dejara terminar. Cuando el carretero entendió, le dio mucha risa y desde entonces se quedó el nombre de ese lugar como "Buena mee", que con el tiempo se deformó en Guanamé.

Arturo Alemán López, vecino de El Epazote

ILLESCAS

Ubicación: Illescas, municipio de Santo Domingo, S.L.P.
Distancias: 270 km de la capital del estado.
                     60 km al poniente de la cabecera municipal.
Giro económico: Agrícola, ganadero, minero, salinero, ixtlero y guayulero.

DESCRIPCIÓN ARQUITECTÓNICA Y CONDICIONES HASTA 2012

La tipología de este casco está muy concentrada, pues el conjunto de la casa grande tenía casi todo integrado, con el hogar de los hacendados que se encontraba al centro del conjunto principal, y a los lados había casas de la servidumbre y empleados de mayor confianza, así como el escritorio, la tienda de raya y algunos almacenes y trojes. Los corrales y caballerizas estaban en la parte trasera. Hoy en día muchas áreas se ven abandonadas y con señales significativas de deterioro, mientras que otras siguen utilizándose como casa-habitación, incluso con adaptaciones modernas de concreto en los techos. Las antiguas caballerizas y corrales siguen cumpliendo una función similar, aunque ahora como establos o gallineros. En otras palabras, todo este conjunto está fraccionado en pequeñas propiedades.

Es muy probable que el casco original haya sido más austero y que con el crecimiento de la hacienda se le hayan anexado nuevas construcciones. La larga fachada, de un solo nivel, muestra elementos de varias épocas como son el arco escarzano, del siglo XIX, o los marcos de cantera con dinteles, un poco más tardíos. Hacia el oriente se observan ventanales con arcos de medio punto y una puerta ojival, de ladrillo cocido; estos sugieren una remodelación de mediados del siglo XX. Pese a su "modernidad", también está abandonada esa área.

Justo enfrente de la casa principal hay ahora una plazoleta donde se encuentra una pila, en desuso, la cual era decorativa. A un lado de dicha plazoleta, hacia el oriente, existe una construcción independiente, con fecha de 1895; está en ruinas. Es la única de dos plantas y la que contaba con más detalles decorativos. Fue una casa pequeña; la parte de abajo era la sala y la superior, la alcoba. Para subir hay una escalera exterior, muy deteriorada hoy en día, al igual que los balcones que aún conservan la herrería.

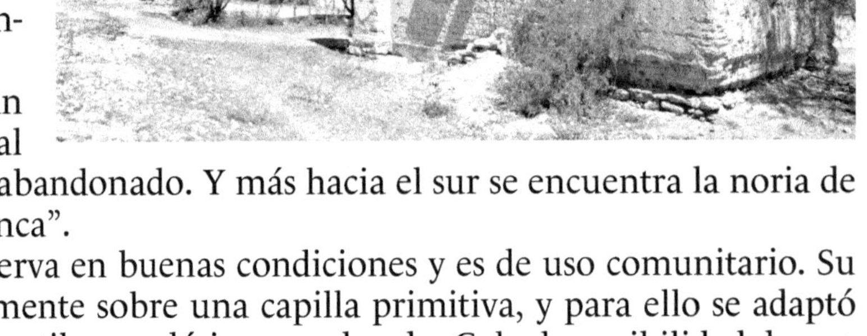

Al otro lado de la plazoleta estaban las casas de los trabajadores, al igual que el taller de trasquila. Todo está abandonado. Y más hacia el sur se encuentra la noria de Jesús María, conocida como "La blanca".

La iglesia es lo único que se conserva en buenas condiciones y es de uso comunitario. Su construcción es más tardía, posiblemente sobre una capilla primitiva, y para ello se adaptó una troje y se le agregó una torre de estilo neoclásico muy burdo. Cabe la posibilidad de que allí hubiera existido una capilla más antigua.

Lejos del casco existen norias y construcciones que pertenecieron a esta hacienda, como Santa Matilde y San Matías, y pese al abandono y desuso se conservan en buenas condiciones.

RESEÑA HISTÓRICA

Siglo XVI: De finales de este siglo se tienen las primeras menciones como sitio de ganado mayor. Eran territorios mayoritariamente habitados por huachichiles, los cuales fueron otorgados como mercedes a capitanes peninsulares y después conformarían enormes haciendas colindantes como Bañón, Sierra Hermosa, Trancoso e Illescas. Esta última pertenecía a Diego de Ibarra, desde 1578, y luego pasó a ser propiedad de Juan Dozal Madriz.

167–: El presbítero Juan Caballero y Osio (1643-1707), quien fue dueño de la hacienda de Bocas por herencia de su padre, adquirió Illescas.

Siglo XVIII: La historia es confusa porque, sin precisarse fechas, en este siglo se trazaron los linderos entre dos grandes haciendas, la de Sierra Hermosa y la de Illescas. Esta última en algún momento indeterminado fue anexada a otro gran latifundio, el de Las Cruces. La historia aquí es confusa porque otras fuentes señalan que Illescas era originalmente un rancho de Cruces.

» »   Otro de los dueños de Illescas fue Francisco Javier Barrios y Liaño y, posteriormente, sus descendientes.

Siglo XIX: Es posible que los propietarios de estos territorios hayan sido los mismos de Las Cruces, pues al parecer para este siglo Illescas era una estancia de Las Cruces. No existen reportes de eventos relevantes que hayan sucedido en esta región durante la guerra de Independencia ni durante la Intervención Americana o la Invasión Francesa. Es de suponerse que Illescas vivió décadas de tranquilidad social y prosperidad económica (para los hacendados), aunque es probable que las incursiones apaches, comanches o lipanes que afectaron haciendas aledañas tuvieron algún impacto también aquí.

1857:   Se erige el municipio de Santo Domingo en territorios expropiados a la hacienda de Illescas, de Crucds y de Guanamé.

1868:   En febrero, Miguel Rul vende la hacienda de Las Cruces a los hermanos Antonio María y Matías Hernández Soberón. En la venta se incluían los territorios comprendidos por Illescas.

1895:   Francisco Gándara realiza un levantamiento topográfico de Las Cruces con sus 383,890 has. El mapa muestra 186,967 has para Cruces y 186,923 has para Illescas. En ese tiempo, Dionisio Palomo era el administrador general de Cruces e Illescas, mientras que su hijo Antonio Palomo se hacía cargo exclusivamente de la administración de Illescas.

» »   En este año se construyó la casa anexa de dos niveles, localmente conocida como "El palomar" o "El mirador".

1901:   El 23 de febrero, fallece Antonio Hernández Soberón en San Luis Potosí. Heredó sus bienes a su hija María de las Mercedes Hernández López-Portillo (1881-1942).

1904:   El 18 de mayo, se casa en San Luis Potosí María de las Mercedes Hernández López-Portillo con Hermenegildo Gutiérrez de la Concha Díaz del Riguero (1877-1954), originario de Mazcuerras, Cantabria, España. Por esas fechas, María de las Mercedes "vendió" la hacienda de Illescas a su esposo cuando su territorio contaba con 245,786 has.

1909:   Se funda la Villa de Illescas en territorios expropiados a la hacienda. Para este año, la extensión de Illescas se había reducido a 187,000 has. Es posible que el resto las haya perdido por compraventa, o bien, por decretos para fundaciones de otras poblaciones.

1920:   Hermenegildo Gutiérrez arrenda la hacienda de Illescas a Wenceslao Renovales y conjuntamente forman la sociedad Gutiérrez Renovales. A partir de esa fecha, Renovales es el administrador.

1935:   Concluye una larga controversia territorial que los estados de San Luis Potosí y Zacatecas han sostenido por muchos años. Se delimitaron las entidades federativas en esa región, quedando Sierra Hermosa del lado zacatecano e Illescas del lado potosino. De alguna manera, el litigio afectó tierras que antes habían sido de la hacienda de Illescas.

194–:   Gonzalo N. Santos, uno de los

grandes y controvertidos caciques potosinos, cuando fue gobernador se afanó en expropiar la hacienda de Illescas con tal de que la Reforma Agraria no afectara sus bienes en la Huasteca potosina; por decirlo de otro modo: con dicha expropiación pretendía canjear Illescas a cambio de tranquilidad en sus latifundios huastecos.

1950: El 5 de abril, se publica en el Diario Oficial de la Federación una concesión de inafectabilidad ganadera por 25 años otorgada a la ex hacienda Illescas, siendo los principales beneficiarios de tal decreto Hermenegildo Gutiérrez de la Concha y su hijo Salvador Gutiérrez Hernández (1908-1988), entre otros descendientes que eran propietarios de fracciones que habían pertenecido a la hacienda.

1954: Fallece Hermenegildo Gutiérrez de la Concha en San Luis Potosí.

Nota: Hasta hace pocos años el pueblo de Illescas era sede de parroquia, pero la diócesis decidió trasladarla a El Barril (municipio de Villa de Ramos), disminuyendo así la importancia de esta población.

HISTORIAS, ANÉCDOTAS, TESTIMONIOS E HISTORIA ORAL

1. Se dice que los hacendados tenían gansos en la pila que se encuentra en la plazoleta enfrente de la casa grande. También cuentan que los hijos y nietos de los dueños se bañaban allí, como si se tratara de una alberca.

2. Aproximadamente a un kilómetro, hacia el sur, se encuentran los antiguos tajos donde salía el agua que abastecía las necesidades del casco. Cuentan que brotaban hasta catorce pulgadas de agua de continuo. La gente no sabe con precisión quién los haya construido, pero algunos recuerdan pláticas de cuando el casco estaba todavía en esplendor y, gracias a aquella agua canalizada, las huertas y los jardines siempre se veían muy verdes, incluyendo el área de la pila ahora en desuso frente a la casa grande, que era un jardín muy florido.

3. Se dice que la construcción independiente de dos niveles, conocida como "El mirador" o "El palomar", fue construida por órdenes de Hermenegildo Gutiérrez con el propósito de dársela a uno de sus hijos como regalo de bodas.

   Nota: Este dato debe ser erróneo, pues la construcción data de 1895, mientras que Hermenegildo Gutiérrez contrajo nupcias con la propietaria de Illescas en 1904.

4. La maquinaria del taller de trasquila de borrego funcionaba con hoja de palma, es decir, en vez de utilizar carbón la echaban a andar con hojas de palma secas. Toda la lana se vendía en Zacatecas.

5. Cuando Juan Pablo Alcocer era el dueño de Illescas, a uno de sus ranchos le puso el nombre de Santa Matilde porque así se llamaba su esposa.

   Nota: este fragmento de historia oral es erróneo, pues se sabe que la esposa de Juan Pablo Alcocer era Luz Martínez Ceballos, mientras que su ancestro Antonio Hernández Soberón estuvo casado con Matilde López-Portillo Llamas. Además, no existen registros de que Juan Pablo Alcocer haya sido dueño de esta hacienda o de la de Las Cruces, aunque es posible que haya sido el administrador.

6. Hermenegildo Gutiérrez y María de las Mercedes Hernández de Gutiérrez tuvieron dos hijos, Hermenegildo y Salvador Antonio, quienes heredaron las haciendas. Se dice que uno se quedó con Illescas y el otro con la hacienda de Las Cruces.

7. La decadencia agropecuaria del municipio de Santo Domingo, que por supuesto afectó a Illescas, sucedió después de la Revolución. Algunas versiones afirman que en la época del gobierno de Saturnino Cedillo éste permitió que sus familiares devastaran esta hacienda y otras en los alrededores.

8. Sin embargo, el genealogista Óscar Chávez nos ofrece un apunte más preciso al respecto, basado en documentos: "A don Hermenegildo, en la década de los 30, le alcanza el reparto agrario. Aparentemente fue una venganza de Lázaro Cárdenas por apoyar a Cedillo en su conato de rebelión. De hecho, don Gildo era criador de caballos y le obsequió uno imponente a Saturnino Cedillo".

9. Se dice que el último propietario, también de apellido Gutiérrez, perdió la hacienda porque no pudo pagar los impuestos. Posteriormente aparecieron dueños ficticios, quienes reclamaban el casco sin tener títulos de propiedad. Por ejemplo, hace algunos años hubo una persona que aseguraba ser el dueño de la casa grande. Al parecer, entre otras atrocidades, se propuso desmantelar los barandales de El mirador (o El palomar), hasta que la gente intervino y no le permitieron continuar destruyendo lo que no era suyo.

10. Recuerda la Sra. Evelia Chávez que la imagen patronal de la Virgen de Guadalupe se desvaneció, es decir, fue borrándose con el tiempo. Los habitantes de Illescas estaban muy consternados por ese hecho, ya que el cuadro original había sido traído por los hacendados y siempre ha sido muy venerado en la comunidad. Algunos lugareños que radicaban en otras ciudades recaudaron fondos para comprar una nueva imagen y el párroco de entonces, de apellido Marín, decidió quitar el cuadro original. Llegó la nueva imagen y bajaron la antigua de su nicho en el altar para hacer el reemplazo y, con sorpresa, todos se dieron cuenta de que poco a poco ésta empezó a recobrar su brillo y nitidez. Con el paso de los días, la imagen antigua volvió a verse como siempre se había visto y, ante tal milagro, la volvieron a colocar en su espacio habitual, mientras que la nueva imagen quedó para utilizarse en las peregrinaciones.

11. Víctor López narra lo siguiente "La hacienda de Illescas fue una de las más extensas. Aquí en San Matías (municipio de Santo Domingo) hay norias que pertenecieron a Illescas, como la de El Perdido, y también otras que pertenecieron a Cruces y a Guanamé. Es que en esta región de San Matías colindaban esas tres grandes haciendas y todavía existen las mojoneras".

12. Cuentan que en unas pilas de la laguna El Perdido (cerca de San Matías) antiguamente bañaban a los perros con agua salada para hacerlos inmune a la rabia y que ese remedio era una tradición local.

13. En el siglo XX, una empresa norteamericana rentó la laguna El Perdido para explotar la sal. Construyeron pilas y un acueducto para llevar el agua salada a las pilas donde se dejaba secar al sol hasta obtener la sal. Esa sal se vendía para la minería principalmente y la transportaban en camiones con llantas muy anchas a Charcas o a Concepción del Oro.

14. Víctor López recuerda que su abuelo cosechaba sal y la metía en costalitos para venderlos a los ganaderos. Esa sal era de tan buena calidad, y no la refinaban como en Salinas, que hasta era óptima para consumo humano.

15. Illescas tuvo muchas estancias y ranchos. La Herradura (en Villa de Ramos) era estancia

donde había corrales y casas para los caporales con sus familias. En lugares donde sólo había una noria como en San Nicolás, San Matías o Yerbabuena había una casita para el noriero y su familia. En esos lugares no había trojes ni corrales, solamente la noria y los abrevaderos para el ganado semoviente.

16. Cuenta Víctor López que a pesar de que las tierras de Illescas son muy áridas, hay también zonas de pastizales, una especie de franja verde hacia el norte y que en tiempos pasados hasta estas regiones llegaban manadas de búfalos a pastar.

LEYENDA

EL NOMBRE DE ILLESCAS

Es curioso cómo se dan los nombres de las cosas. Allá para el norte, del lado de Santo Domingo, muy pegadito a Zacatecas, hay una hacienda que se llama "Yescas". Resulta que cuando los primeros españoles andaban apoderándose de las tierras de esos indios huachichiles que usted dice, una noche muy fría les ganó la oscuridad y se quedaron por ahí acampando en el monte. Era una noche muy fría y tenían que hacer una lumbrita para calentarse. Entonces uno de los españoles se puso a buscar por ahí y se encontró una yesca; con esa pudo prender la lumbrita que los abrigó toda la noche.

Cuando amaneció, se levantaron los españoles, y cuando estaban alzando el campamento se dieron cuenta de que había muchas yescas por ahí; por eso a ese lugar lo denominaron desde entonces como Yescas. Más después establecieron la hacienda que ha sido muy próspera desde muchos años, aunque ahora está un poco abandonada la casa grande, pero la comunidad de Yescas sigue siendo importante, hasta más importante que el mismo Santo Domingo que es cabecera municipal. Pero una cosa debo decirle: esa hacienda también tuvo épocas muy oscuras, cuando los mentados huachichiles le pegaban duro y hasta la quemaron.

Aurelio Ortiz

Otra versión, narrada por Samuel Martínez, cuenta que el nombre de Illescas es de origen huachichil y significa "caldera" o "fundición". Esto porque así le llamaban los huachichiles al lugar donde fundían oro para elaborar sus puntas de flecha.

Una versión adicional explica que los españoles encontraron aquí muchas yescas y al chocarlas con el eslabón y hacer que la chispa cayera en hojas secas de quelite lograban prender fuego. Había tantas yescas regadas por doquier en aquel entonces que a la hacienda posteriormente le pusieron el nombre de Illescas.

Crescencio Mirón Muñoz 

LA BOCA

Ubicación:	La Boca, municipio de Villa de la Paz, S.L.P.
Distancias:	205 km de la capital del estado.
	3 km al sur de la cabecera municipal.
Giro económico:	Tuvo diversos giros a lo largo de su historia. Es posible que haya sido hacienda de beneficio en su primera época, después se convirtió en hacienda agrícola y luego en hacienda utilitaria para la minería, principalmente en la cría de ganado caballar para el acarreo de mineral y jalar los malacates.

Descripción arquitectónica y condiciones hasta 2012

El casco de la hacienda de La Boca parece haber estado amurallado en sus inicios, según se puede discernir por una de las torretas de vigilancia o fortín que aún existe en la esquina noreste. Tiene elementos arquitectónicos de finales del siglo XVIII y del XIX. Su tipología es muy convencional para las haciendas del Altiplano, de envergadura horizontal y casi todo concentrado en el conjunto de la casa grande. Dicho conjunto presenta dos núcleos principales: el de la casa principal, con habitaciones, jardines, áreas de servicio, cuartos para la servidumbre y área administrativa, y adjunto hacia el oriente, el de habitaciones de empleados domésticos y trojes o graneros.

La larga fachada, con la puerta principal y cinco ventanales remarcados con cantera blanca y dinteles, es casi simétrica, pues la puerta de acceso está casi al centro, teniendo dos ventanales a la izquierda y tres a la derecha, todo enmarcado por sendas pilastras también de cantera blanca. En los extremos se ven dos puertas con arcos, la del portón de acceso a las antiguas trojes y la de la capilla, dedicada al Cristo del Amparo, que es parte de la comunidad.

Extramuros, hacia el sur, estaba la huerta. Y hacia el norte, cruzando el arroyo, se dice que había más trojes y casas de trabajadores.

Nota: En todo el Altiplano, La Boca es la única casa grande de hacienda que está habitada de tiempo completo por sus propietarios. Cuando la familia adquirió el casco, estaba abandonado, aunque no en ruinas. De todos modos, requirió de mucho trabajo y más de quince años para rehabilitarlo como casa-habitación. Los arquitectos se basaron en fotografías y pinturas antiguas para hacer la restauración y destacar los detalles decorativos como eran en el pasado.

Reseña histórica

1616: Se tiene el primer antecedente de ocupación española en estos territorios cuando el capitán Diego de Coronado recibió mercedes de tierras habitadas por negritos o bocalos, tribu emparentada con los huachichiles, pero más pacífica y sedentaria.

Siglo XVIII: A finales del siglo, a esta región se le llamaba Puesto de la Boca. Allí paraban gambusinos trashumantes, quienes sin autoridad ni gobierno buscaban minerales en las serranías aledañas, con la esperanza de encontrar vetas igual de ricas que las de Real de Catorce. Se dice que en ese entonces se fundó la hacienda de beneficio.

179-: El coronel Francisco Miguel Aguirre Martín recibe estas tierras como merced.

Nota: otras versiones señalan que este personaje era el administrador de la hacienda de San Juan de Vanegas, en 1789 y en ese tiempo adquirió La Boca cuando aún era hacienda de beneficio propiedad de algún vecino de Matehuala. Él desarrolló la cría de ganado caprino para la producción de leche y quesos que hasta el presente es famosa en la región de Cedral y Matehuala.

18--: Sin precisarse fechas, el dueño es el jefe realista Matías Martín Aguirre, quien la compró o heredó de su tío Francisco Miguel, dándole un giro agrícola a esta hacienda.

Nota: Ambos personajes también se mencionan en la historia de la hacienda de El Salado.

1850: el 23 de septiembre, se casa Rosa Martín Aguirre con Rafael Barrenechea Soberón en Matehuala. Ella había heredado la hacienda de su padre Matías Martín Aguirre.

1860: El 8 de febrero, se registra un conflicto entre tropas que se encontraron en La Boca cuando unos se dirigían a Real de Catorce y otros a la hacienda La Presa. El antiguo camino real de Matehuala a Real de Catorce pasaba por La Boca.

1864: El 16 de noviembre, se constituye la Negociación Minera de Santa María de la Paz.

1868: El 14 de junio, muere en La Boca Agustín Barrenechea López, de un año de edad. Agustín padre era hermano de Rafael Barrenechea.

1870: La Negociación Minera de Santa María de la Paz comienza la explotación de los yacimientos en el cerro del Fraile. En ese tiempo adquirió o rentó el casco de esta hacienda para uso habitacional de los administradores. La familia Guggenheim era la principal accionista de dicha compañía y es posible que haya usado la casa grande de La Boca como su hogar.

1871: El 22 de agosto, se da noticia de que un pequeño grupo de bandoleros robaron en la hacienda y luego se fueron a seguir sus fechorías a la hacienda de La Pastoriza.

Siglo XX: A principios del siglo, un hombre de apellido Cornejo es el administrador de La Boca. Él también tenía a su cargo las haciendas de La Pastoriza, Maravillas y San José de Ipoa, entre otras.

1921: El 31 de mayo (otras fuentes señalan que sucedió el 27 de septiembre), un decreto estatal ordena expropiar tierras de La Boca para erigir municipio Villa de la Paz. Quizá para evitar conflictos con los hacendados se decidió que el pueblo de La Paz fuera la cabecera y no La Boca, que entonces era una población más importante.

La Vieja Paz

HISTORIAS, ANÉCDOTAS, TESTIMONIOS E HISTORIA ORAL

1. En el siglo XIX, Villa de la Paz no existía; todo aquello era Matehuala, la riqueza de Matehuala se encontraba en aquellos rumbos y todo se administraba desde la hacienda La Boca.

2. Muchos dicen que La Boca era una hacienda de beneficio, pero lo cierto es que allí no se beneficiaban los metales; éstos más bien se beneficiaban en las haciendas de abajo, donde ahora se ubica Matehuala. La Boca era una hacienda minera, sí, pero administrativa para las minas en el cerro de El Fraile.

3. Cuando llegó la Revolución a Matehuala, en La Boca no hubo impacto de guerra, dado que no se registraron batallas o saqueos por ningún bando. Los hacendados huyeron por precaución, llevando consigo sus pertenencias más valiosas; cerraron la casa, con la esperanza de que no fuera saqueada. Ante la escaramuza generalizada en Matehuala y otros lugares, mucha gente aprovechó para refugiarse precisamente en La Boca, tanto en el casco como en los alrededores, porque era un lugar tan recóndito que los revolucionarios lo pasaron por alto.

4. El último administrador de La Boca fue Ramón Barrenechea, quien al morir fue sepultado en el panteón del Saucito de San Luis Potosí.

5. La casa grande estuvo abandonada varios años. Cuando la rebelión cedillista asoló el Altiplano, tanto en La Boca como en La Paz tampoco hubo algún evento lamentable.

6. Enriqueta Vázquez recuerda lo siguiente: "Mi papá platicaba de una culebra que hubo en 1909. Decía que él llegó a su casa de la milpa y no tenían agua; entonces echó un barril en un burro y fue a la hacienda de La Boca a cargar agua y dice que cuando ya iba de regreso a su casa *nomás* vio una nubita y cómo la nube esa se movía medio curioso, como una escobita, moviendo la colita; entonces apresuró el paso y alcanzó a llegar a la casa –él vivía en

San Francisco de Caleros. De la colita de la nube caían chorros y chorros de agua y luego que se aplana el aguacero. Nos contó que fue una culebra y que bajó tanta agua esa tarde que el arroyo bramaba y tumbó todas las casas, que antes eran jacalitos. También tumbó unas trojes grandes que desde entonces ya no existen.

7. Nos contaba mi papá que por muchos días estuvieron incomunicados y que el lugar más afectado fue La Boca porque decía que desde allá venía bajando el agua tumbando las casas. Lo único que no se afectó fue la hacienda porque estaba hecha de material muy sólido, como sigue ahora. La hacienda también se inundó, pero no se cayó nada.

8. Decía mi papá que ese año fue muy difícil porque se perdieron todas las cosechas, todas las milpas se destruyeron y hasta quedaron anegadas por muchos días y como en aquel tiempo Matehuala era una ciudad muy pequeña, no había tanto comercio y la gente de allá y de todos los alrededores sufrió mucho para poder comer".

LEYENDA

EL CHARRO FANTASMA

A mí me tocó nacer en La Boca, pero luego cuando estábamos chiquillos nos mudamos a vivir aquí a Matehuala. Comoquiera siempre íbamos al rancho a ver a mis abuelos. Mi abuela platicaba una historia que nos daba mucho miedo. Nos contaba que sucedía en la iglesia de la hacienda de La Boca. Contaba que desde hace muchos años antes la gente sabía que se aparecía un charro en la mera puerta la iglesia, pero nunca entraba. Parece que las primeras personas que lo vieron fueron dos mujeres ya grandes que estaban haciendo el aseo cuando la hacienda estaba abandonada; estaban haciendo el aseo adentro de la iglesia. En eso, una le dijo a la otra: "Mira, ahí está un señor muy curro". Las dos salieron a ver quién era, qué quería, pero en eso el charro se esfumó. Así quedó la cosa, pero después parece que en las noches de luna llena escuchaban los cascos de un caballo y un aulladero de perros. La gente se asomaba por las ventanas de sus casas y miraba que el charro se paraba frente a la iglesia, se bajaba del caballo y tocaba la puerta; golpeaba fuerte. Nadie lo oyó hablar, pero muchos lo vieron estar ahí parado tratando de entrar a la iglesia. Algunos señores de aquel tiempo –con machete en mano, por no dejar– se acercaban a ver quién era el desconocido y nada, llegaban a la puerta de la iglesia y el charro ya no estaba ni su caballo tampoco.

El asunto estuvo en que todos andaban muy asustados y por eso fueron a hablar con el párroco de Villa de la Paz –parece que en ese tiempo no había cura en La Boca. El párroco fue una noche de luna llena a esperar al charro fantasma y sí, parece que el fantasma apareció y llegó hasta la puerta de la iglesia. El párroco le abrió la puerta y el charro no quiso entrar.

Entonces el párroco le dio la confesión ahí afuera, le echó agua bendita y el charro nunca volvió a aparecerse. Luego, el párroco les explicó a las gentes que era un ánima en pena que no había alcanzado descanso, pero que ya con la confesión iba descansar y no iba volver a asustar a nadie. Y sí, contaba mi abuela que ya nunca más volvieron a ver a ese charro ni a escuchar los cascos de su caballo.

Julián Coronado 

LA SOLEDAD

Nombre original: Nuestra Señora de la Soledad
Ubicación: La Soledad, municipio de Aramberri, Nuevo León.
Distancias: 325 km de Monterrey.
                     30 km al suroeste de la cabecera municipal.
Giro económico: Primero fue ganadero, después agrícola y, en sus últimos años, ixtlero.

Descripción arquitectónica y condiciones hasta 2012

El casco de esta hacienda tiene dos áreas separadas que corresponden a sendas etapas constructivas. La más antigua es el conjunto de la casa grande, una construcción hecha de adobe. Está en ruinas, con paredes derruidas y sin techos o cayéndose las vigas en la mayoría de los cuartos. Las puertas de mezquite se ven en malas condiciones. Cabe destacar que, pese al abandono y ruina, adentro de la casa principal hay pocos vestigios de excavaciones furtivas hechas por los buscadores de tesoros.

Al lado derecho de la casa grande se encuentra el templo, en muy buenas condiciones. Esta construcción es de piedra y el campanario, de sillar. Por ser parte de la comunidad, se ha conservado y se le han hecho arreglos de mantenimiento cuando ha sido necesario.

Hacia la izquierda de la casa principal había otro conjunto horizontal con las casas de los trabajadores. El abandono y el intemperismo han cobrado su cuota. Lo mismo ha sucedido con los corrales y las caballerizas, más al fondo. Quedan vestigios de ellos.

Frente a la casa grande, al sur, había más construcciones y graneros. Un par de cuartos fueron adaptados para escuela en la segunda mitad del siglo XX. Hoy en día están abandonados.

Hacia el norte se nota una segunda etapa constructiva. En ese conjunto están las trojes, cuyo estilo arquitectónico corresponde a la época porfiriana y tiene semejanza con las estaciones de tren de ese tiempo. Allí hay ahora una casa particular, para la cual posiblemente se aprovecharon partes antiguas.

Reseña histórica

Siglo XVIII: La familia Lobo Guerrero es la primera dueña de estas tierras.

1740: Se conforma la hacienda de Nuestra Señora de la Soledad, propiedad de Francisco Ignacio de Aysa García Aguilar (1696-1778), primer marqués del Castillo de Aysa.

> *Nota:* Algunas fuentes afirman que Nuestra Señora de la Soledad fue fundada en 1737 por el oidor de la Audiencia Vicente Gómez de la Cortina y Sauceda, conde de la Cortina, mientras que otras señalan que se fundó como "hacienda de ganados menores" por el 1er conde de la Casa Rul en 1786, y que el administrador era Juan de Matas Domínguez. El dato parece ser erróneo porque fue fundada 46 años antes y, además, el título nobiliario de conde de Rul fue concedido el 20 de agosto de 1804, por el rey Carlos IV.

1775-: El dueño, por herencia, es Valerio de Ayza (también escrito Aiza).

178-: Diego de Rul y Calero es el propietario antes de convertirse en conde. Es posible que haya adquirido la hacienda a los descendientes del marqués del Castillo de Aysa.

179–: Los dueños de Nuestra Señora de la Soledad son Vicente Gómez de la Cortina y Salceda (1765-1842) y su esposa (y prima) María Ana Gómez de la Cortina (1779-1846), condes de la Cortina avecindados en la Ciudad de México; él originario de Salarzón, Cantabria, España. Ella fue quien heredó el título nobiliario de su padre Servando. Cuando en-

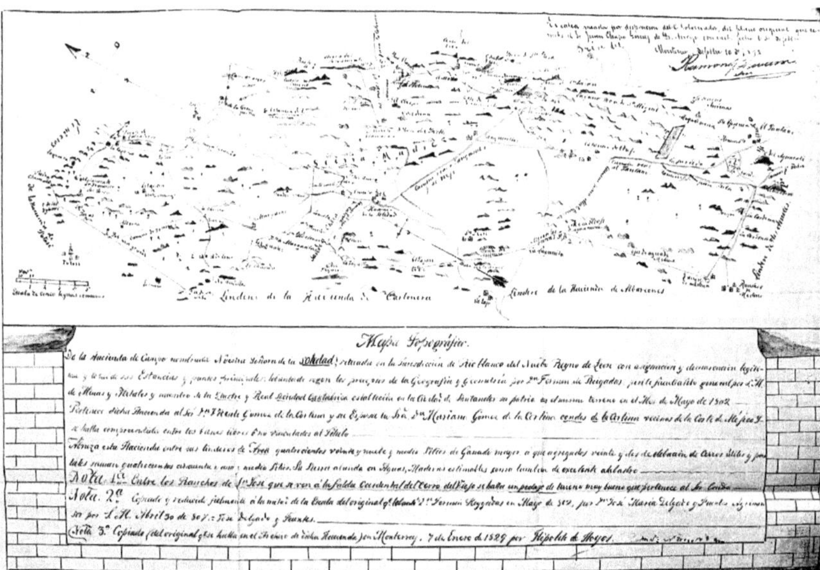

viudó, con la venta de los bienes mancomunados introdujo en México el Instituto de las Hermanas de la Caridad de San Vicente de Paul.

1802: Por petición de los condes de la Cortina, el santanderino Fermín Reygadas elabora el primer mapa de esta hacienda, mismo que fue actualizado en 1807 y copiado en 1829. En ese tiempo la extensión de Nuestra Señora de la Soledad era de 792,657.92 has. En él se muestran los linderos de La Soledad con la hacienda Potosí, al norte; Carbonera, al oeste; Albarcones, al sur, y Rancho de Medina (hoy Mier y Noriega), al este, así como con Miquihuana y Tula (hoy municipios de Tamaulipas). Se estima que esa extensión equivale al 8.07% del territorio del estado de Nuevo León en la actualidad.

1808: Antonio José Pérez Andújar y Gálvez Crespo y Gómez (1760-1832), 1er conde de Pérez-Gálvez, adquiere esta hacienda por $292,664.00. Él fue un rico minero nacido en Málaga, España que se estableció en la ciudad de Guanajuato.

1810: A finales del año, los trabajadores de La Soledad se enteraron de que gente de Albarcones se había incorporado al ejército insurgente de Mariano Jiménez. Muchos de ellos se fueron a Matehuala para unirse a la lucha armada.

1816: Nace José Silvestre Aramberri, quien fuera un prominente militar que llegó a ser gobernador de Nuevo León. Su padre, Cosme Aramberri, nacido en Albarcones, era entonces el administrador de ambas haciendas.

1825: En la casa grande de La Soledad se llega al acuerdo de crear el municipio de Doctor Arroyo, siendo Cosme Aramberri uno de los promotores de esta iniciativa, la cual fue aprobada por el H. Congreso del Estado de Nuevo León el 3 de mayo, tras la decisión de expropiar territorios de la hacienda de Albarcones.

1832: Juan de Dios Pérez-Gálvez (1794-1858), quien fue el 2do conde de esa casa, hereda ésta y otras propiedades tras la muerte de su padre, Antonio José Pérez Andújar y Gálvez.

1837: Manuel Fernández Palos, apoderado de las haciendas La Soledad y Albarcones, debe sortear los problemas surgidos entre vecinos por la intención de expropiar terrenos de Albarcones para fundar el pueblo de Bocacil. La expropiación no surtió efecto en Albarcones, pero sí en La Soledad, que de tal modo perdió parte de sus territorios.

1855–1861: Entre estos años, en La Soledad hubo acciones militares relacionadas con la Guerra de Reforma o Guerra de los tres años. Independientemente de esta guerra, en ese tiempo todavía se libraban batallas contra los nativos –huachichiles o bocalas–, que incursionaban para robar caballos y ganado vacuno.

1858: Fallece Juan de Dios Pérez-Gálvez en la Ciudad de México. Heredó todos sus bienes y el título nobiliario (que para entonces ya no tenía efecto en México) a su hermana Francisca de Paula Pérez-Gálvez, quien administraba sus tierras desde Guanajuato a través de apoderados. Ella estuvo casada con Lorenzo Noriega. Al enviudar y sin tener descendencia, no volvió a casarse.

1864: El 26 de enero, se registra un confrontamiento en territorios de La Soledad entre dos bandos, uno comandado por el gobernador de San Luis Potosí, Francisco de P. Villanueva y otro por los sublevados Santos Pinilla, quien era administrador de la hacienda, y el coronel Sóstenes Rocha, quienes habían saqueado la tienda de raya y robado caballos. Cuando se encontraron los bandos, el gobernador acusó a Pinilla de comandar una gavilla de bandidos. Pinilla obligó al gobernador bajarse de su caballo, le quitó su pistola y con la misma lo asesinó vaciándole toda la carga.

1865: La condesa de Pérez-Gálvez, a través de su apoderado general Manuel Campoverde, destituye a Santos Pinilla como administrador de la hacienda y da el cargo a Mariano Alcocer.

1867: El gobierno general requisa las haciendas de la condesa de Pérez-Gálvez como represalia por haber sido gran simpatizante del Imperio de Maximiliano.

» » En diciembre, el administrador de La Soledad Pedro Rueda recibe la noticia que por decisión del gobierno general son devueltos los bienes de doña Francisca de Pérez-Gálvez, aunque a esta hacienda se le habían expropiado 58,000 has.

1868: El 11 de septiembre, fallece doña Francisca Pérez-Gálvez en la ciudad de México. Dejó todos sus bienes y haciendas a su sobrino Miguel Rul.

Nota: Sin precisar fechas, se dice que Ramón María Loreto de la Canal, quien estaba emparentado con el conde de la casa Rul, adquirió La Soledad y Albarcones a la condesa de Pérez-Gálvez. De ser correcto este dato, que se contrapone a la herencia de Miguel Rul, debió haber sucedido cuando los títulos nobiliarios ya eran inexistentes en México, pero seguían utilizándose de manera verbal.

1890: Eugenio Ortiz compra la hacienda por $165.000.00. En esa época ya se explotaba el guayule, además de la lechuguilla.

1892: En julio, el general Nazario Zúñiga, al frente de cinco vecinos de Aramberri, denuncia tierras de riego que eran parte de la casa de La Soledad.

» » El 6 de septiembre, Juan Chapa Gómez presenta a la Secretaría de Gobierno del estado de Nuevo León una controversia como arrendatario de la hacienda de la Soledad, con el argumento de ser descendiente legítimo del fundador Vicente Gómez de la Cortina.

Siglo XX: Los censos de población a partir de este año marcan una disminución poblacional alarmante en La Soledad. A principios de ese siglo, por ejemplo, tenía 959 habitantes y en 1940, cuando ya se había convertido en ejido, sólo 366.

» » Después de la Reforma Agraria y la pérdida de tierras, el casco con las huertas que quedaban como pequeña propiedad tuvo varios dueños, a decir: Cipriano Garza Elizondo, Chapa Góngora y Manuel Sierra Manrique al frente de un grupo de accionistas.

Historias, anécdotas, testimonios e historia oral

1. La imagen patronal del templo es San Isidro Labrador, no la Virgen de la Soledad. Se dice que la hacienda se llamaba así porque antes estaba muy alejada de cualquier pueblo.

2. Antiguamente, a La Soledad se le conocía como "el granero de Nuevo León", ya que su producción era tal que abastecía a toda esta región de La Nueva España y, después, del México independiente.

3. Hay recuerdos de cuando a mediados del siglo XIX (posiblemente a partir de 1833) hubo una epidemia (¿de cólera?) en el sur de Nuevo León y todas las haciendas se vieron afectadas porque murió mucha gente. Por más de tres años casi no hubo producción de granos ni cría de ganado en La Soledad.

4. Se dice que hacia finales del siglo XIX hubo un gobernador de Nuevo León que era el dueño de esta hacienda, pero la tenía registrada con el nombre de un prestanombres. Todo mundo sabía que las miles de cabezas de ganado eran de él y que las llevaban a vender a Monterrey.

5. Pasada la Revolución hubo nuevos propietarios de esta hacienda, quienes empezaron a explotar la lechuguilla. Todo el ixtle se almacenaba en uno de los graneros para después ser transportado a la hacienda de San José de Raíces, en el municipio de Galeana.

6. Hace varios años, unas personas de Monterrey llegaron asegurando que habían adquirido el casco de la hacienda. Para ganarse la confianza de los vecinos, dijeron que iban a arreglar la casa grande y darle trabajo a mucha gente. Sin embargo, los lugareños pronto se enteraron de que el propósito de los supuestos propietarios era el de desenterrar un tesoro que, según éstos, está o estaba debajo del altar de la iglesia. Como la gente nunca ha oído hablar de fantasmas o llamaradas que se vean en el interior del templo, ni tampoco han escuchado ruidos extraños, afirman que allí no hay tesoro alguno y, por lo mismo, no estuvieron de acuerdo en que aquellas personas de Monterrey trajeran un trascabo para sacar el supuesto tesoro. Los vecinos se opusieron y llevaron la queja a las autoridades del municipio e incluso del gobierno del estado para evitar que tumbaran la iglesia. Con la ayuda de un abogado ganaron el litigio, afortunadamente. Los supuestos dueños que habían llegado de Monterrey nunca volvieron.

Leyenda

Túneles, indígenas y tesoros

Sabemos por pláticas que en la época de los hacendados, cuando La Soledad era la hacienda más rica de todos estos rumbos, ellos tenían otras haciendas más chiquillas o ranchos con casco, como aquí en Sandia y Las Márgaras (Las Margaritas), que queda cercas. Como en aquel tiempo había mucha indiada que no se dejaba esclavizar, pero sí venía a robarse el ganado de los hacendados y luego a robar dinero y hasta parece que quemaban las trojes –la casa grande no porque ahí siempre tenían gendarmes muy bien armados–, entonces los hacendados mandaron construir unos túneles muy grandes entre las haciendas y los cascos de los ranchos para que por ahí se fueran las carretas cargadas de maíz o por ahí llevaran las majadas o también se escondiera la gente cuando la indiada andaba echando pleito.

Eso es lo que contaban antes y parece que sí han hallado partes de algún túnel y también sótanos. Por ejemplo, una vez contaron que hace varios años andaban haciendo unos cuartos nuevos allá en La Soledad y cuando estaban echando el cimiento encontraron un sótano, que era un cuarto muy grande y adentro había costales de semillas y unas botellas de vino; no había monedas de oro ni barras de plata. Eso es lo que contaron, pero si alguien halló dinero mejor no dijo porque luego el gobierno le quita la mitad. Y el vino… si alguien se lo chupó, pues se habrá muerto porque ya estaría echado a perder, digo yo.

Donde parece que sí hallaron centavos fue en una cueva que está aquí en la sierrita. Mire, es que cuentan que una vez vinieron unos muchachos de Monterrey que traían un aparato

y andaban buscando tesoros y adentro de esa cuevita sí encontraron algo. Quién sabe cuánto se habrán llevado, pero habían contratado a un muchacho de La Soledad para que los llevara a las cuevas y con lo que encontraron, al muchacho le dieron su paga y parece que el muchacho se fue a vivir a Monterrey y compró casa de material.

Ubaldo Vázquez

FABRICA de MEZCAL
Laguna Seca

LAGUNA SECA

Nombre original: San José
Ubicación: Miguel Hidalgo y Aquiles Serdán, municipio de Charcas, S.L.P.
Distancias: 170 km de la capital del estado.
    20 km al noreste de la cabecera municipal.
Giro económico: Agrícola y mezcalero.

Descripción arquitectónica y condiciones hasta 2012

El casco de esta hacienda ha estado amurallado desde sus orígenes; las troneras, ubicadas estratégicamente para defensa, le dan un aspecto de fortín. Presenta dos conjuntos principales: la casa grande y la fábrica de mezcal.

El conjunto de la casa grande, con envergadura horizontal, integraba la casa principal y el área administrativa, casas de empleados domésticos y la tienda de raya. En la actualidad, la casa grande está bien conservada y es propiedad privada, dividida entre dos hermanos. Por su parte, las antiguas casas de los trabajadores domésticos y de confianza, el escritorio y la tienda de raya han sido readaptadas para uso habitacional y comercios. Los tiempos cambian, pero los usos siguen siendo similares.

Al lado opuesto, cruzando una plazoleta, se ubica el otro conjunto que integraba trojes, casas de trabajadores, el templo y la fábrica de mezcal. Las trojes, de recias paredes de piedra, son ahora casa-habitación, mientras que la fábrica de mezcal sigue produciendo como antaño, aunque con técnicas modernas y no ha sufrido alteración en su estructura arquitectónica. Por su parte, el templo dedicado a San José se conserva en buenas condiciones y es parte de la comunidad.

Reseña histórica

Siglo XVII: Es desconocida la fecha de fundación de esta hacienda. Originalmente se construyó el casco en una laguna siempre seca, aproximadamente a 4 km del casco actual, pero hubo una inundación que anegó esa laguna y fue necesario reubicar el casco de la hacienda, abandonando el anterior.

» » Todas las fuentes citan que a principios de este siglo ya se menciona a este lugar como hacienda perteneciente a la familia Maldonado-Zapata, la cual era también dueña de las haciendas Peotillos y Pozo del Carmen. Fueron seis los hermanos Maldonado-Zapata Santibáñez; dos fallecieron a temprana edad: Gertrudis (1681-1735), Isabel (1681-1705) María (1684), Francisco (1686), Juan (¿?) y Ana (1692-1775).

1700: Gertrudis Maldonado-Zapata Santibáñez se casa con el capitán Nicolás Fernando Torres Torres (1671-1732) en San Luis Potosí. Esta pareja fue fundadora del convento y el templo del Carmen en San Luis Potosí.

1735: Fallece Gertrudis Maldonado-Zapata de Torres en Querétaro, tres años después de su esposo. Como no tuvieron descendencia, heredó todos sus bienes a la orden de los carmelitas descalzos en San Luis Potosí.

174-: La fábrica de mezcal Laguna Seca tuvo su origen por iniciativa y obra de los carmelitas.

Ellos introdujeron la tecnología de destilación que sigue vigente, aunque ahora con métodos modernos. Adaptaron los métodos de destilación de la uva al maguey y les dio buenos resultados. Junto a la capilla dedicada a San José instalaron la fábrica, aprovechando el desnivel para facilitar el proceso integral desde la maceración de las piñas hasta el embotellado sin necesidad de mucha mano de obra. Se cree que el viejo alambique fue construido a mediados de ese siglo, por lo que se le considera como el más antiguo de toda la república.

1778: Gertrudis Garay Alcalá es la propietaria de Laguna Seca. Ella se había casado en 1753 con José Frejomil Figueroa, posiblemente en Charcas donde fueron registrados los seis hijos que tuvieron. Se desconoce cómo se hizo ella dueña de la hacienda, posiblemente adquirida a los carmelitas. En ese tiempo a la hacienda se le conoció como San Nicolás Obispo de Laguna Seca.

1796: Se menciona como propietario a Juan José Mora y Luna Pérez-Calderón (1759-1805), segundo conde de Nuestra Señora de Guadalupe del Peñasco. Él fue dueño de otras haciendas del Altiplano como la de Bocas, Carbonera, Cruces y Guanamé, aparte de la de Peñasco en el municipio de San Luis Potosí.

1805: Fallece Juan José Mora y Luna Pérez-Calderón, segundo conde de Nuestra Señora de Guadalupe del Peñasco, en su hogar en la hacienda de Peñasco.

1811: A principios de febrero pasó por aquí el grupo insurgente de Miguel Hidalgo. Se dice que no les dieron albergue, tal vez porque los condes de Peñasco estaban del lado realista apoyando el movimiento contrainsurgente comandado por Félix María Calleja.

1845: El dueño es Ramón de Ceballos y Conde, quien donó caballos y reses al ejército comandado por Antonio López de Santa Anna contra la invasión estadounidense.

1851: El capitán Agustín Godoy adquiere la hacienda cuya extensión es de 120,000 has.

1861: Agustín Godoy vende la hacienda a Herculano Manrique de Lara, quien nació en León, Gto. en 1814 y falleció en su hacienda de Pozo del Carmen, en 1873.

» » En septiembre se reunieron en Laguna Seca el gobernador Escandón y el general Mariano Escobedo.

1867: El 15 de noviembre, Carlota Manrique de Lara Aguilar (1847-1910) contrae nupcias en San Luis Potosí con Antonio Muriedas Fox, de origen vasco. Posiblemente en la misma fecha, la hermana de Carlota, Enriqueta Manrique de Lara Aguilar (1848-1870) se casó con el hermano de Antonio, Felipe Muriedas Fox. Se dice que ambos hermanos administraron la hacienda conjuntamente hasta inicios del siglo XX.

1889: Se tiende el ramal del Ferrocarril Nacional Mexicano en terrenos que fueron cedidos por los dueños de la hacienda. La Compañía del Camino de Fierro Nacional Mexicana fue la que construyó la Estación Laguna Seca, ubicada a pocos kilómetros del casco.

1900: José Valle Cabia, originario de Cantabria, España era el administrador de la hacienda y de la fábrica. Gracias a sus conocimientos del proceso del mezcal le dio más auge a la producción.

1911–1917: Los herederos de Carlota Manrique de Lara y Antonio Muriedas tuvieron que sortear los efectos de la Revolución en sus tierras.

1937: Con la Reforma Agraria, la hacienda pierde casi todos sus territorios, sólo quedando como propiedad privada partes del casco, incluida la fábrica, y algunas huertas.

1950: Los hermanos Valle, descendientes de José Valle Cabia, adquirieron la casa grande de la hacienda a los Muriedas Manrique de Lara. Su descendencia la utiliza como casa de descanso.

Siglo XXI: La compañía Real de Magueyes es la que ha estado operando la fábrica de mezcal desde hace más de una década. Ha recibido cuantiosos reconocimientos por la calidad de sus productos.

HISTORIAS, ANÉCDOTAS, TESTIMONIOS E HISTORIA ORAL

1. Durante la catequización de los nativos de esta región del Altiplano (huachichiles y bocalos, primordialmente), los franciscanos fueron quienes tenían mayor extensión territorial. Cuando a los carmelitas se les asignó lo que fue el latifundio de Laguna Seca, tuvieron diversos problemas con los franciscanos de Charcas.

2. Cuando los monjes carmelitas se dieron cuenta de que los nativos hacían un fermento del maguey, experimentaron hasta lograr destilar la bebida que tuvo muy buena aceptación entre peninsulares, españoles, criollos y mestizos. A los nativos se les prohibía el consumo.

3. El casco de esta hacienda siempre fue objeto de saqueos durante las guerras y revueltas sucedidas en México, particularmente en el Altiplano. Conocedores de esta situación, los hacendados de distintas épocas tenían gente en Charcas y en Matehuala para que les avisaran si había rumores de ataques a las haciendas; esto para prevenirse y huir, en caso de ser necesario.

4. Laguna Seca fue por muchas décadas parte del camino real de Matehuala a Zacatecas o San Luis Potosí. Allí paraban las diligencias a descansar, reabastecerse o hacer muda de caballos, o bien, rendían jornada, aunque no se tiene noción de que haya existido un mesón.

5. Extramuros del casco de Laguna Seca, en donde hay ahora una escuela primaria, se encuentra el monumento dedicado a la Ruta de Hidalgo, como recuerdo de aquella histórica visita en febrero de 1811. Se dice que la razón para que esté allí es porque el administrador de la hacienda no permitió que el ejército insurgente se hospedara adentro de la misma, toda vez que la familia de los condes de Nuestra Señora de Guadalupe del Peñasco eran simpatizantes del virreinato. Sobre este hecho, Francisca Gallegos cuenta lo siguiente: "Los hacendados no se compadecían de las personas que no eran sus amigos. Eran muy malos aquellos españoles con los mexicanos y yo creo que por eso a Miguel Hidalgo no lo aceptaron aquí, o sea que no lo dejaron que durmiera adentro de la hacienda en una buena cama porque era mexicano y andaba en contra de los españoles".

6. Cuando los huachichiles y los bocalos quedaron extintos en el siglo XIX, se pensó que esta hacienda ya no sería blanco de ataques indígenas, pero a mediados de ese siglo hubo reportes de incursiones apaches que avasallaron el casco.

7. Sin precisar fechas, los ancianos recuerdan que hace muchos años cayó un "lagarto" (similar a la "culebra" de lluvia, pero más peligroso) en Laguna Seca. Dicen que fue tanta el agua provocada por el fenómeno que todo se inundó, no obstante ubicarse el casco en alto. A pesar de que allí fue una antigua laguna, para fortuna de los pobladores el agua encontró salida y en pocas horas corrió

hasta vaciarse de nuevo y seguir tan seca como siempre. No hubo pérdidas humanas entonces, aunque sí incuantificables pérdidas materiales.

8. Cuentan que los dueños, como eran españoles, se fueron a España y nunca regresaron. Cuando se supo que habían muerto, el administrador arregló los títulos de propiedad con un notario y se adjudicó la hacienda que luego heredó a sus hijos.

LEYENDA

UNA IMAGEN APARECIDA

Nosotros aquí sabemos que al principio esta hacienda fue convento de los carmelitas, de los mismos que tuvieron la iglesia del Carmen allá en San Luis, y parece que también tuvieron una hacienda muy grande allá por los rumbos de Armadillo (hacienda Pozo del Carmen). Esta hacienda primero se llamó San José –así se llamaba también la fábrica de mezcal en aquel entonces–, pero luego ya más reciente le cambiaron el nombre por Laguna Seca.

Adentro de la iglesia hay varias imágenes. Tenemos la imagen del Señor San José, la Virgen de Guadalupe, la Virgen del Carmen y también la del Sagrado Corazón. Los viejitos de antes platicaban que una de estas imágenes se apareció por aquí en alguno de los cerros, pero nosotros no sabemos cuál imagen *haiga* sido. La Virgen de Guadalupe está en un cuadro grandísimo y nuestros padres siempre nos dijeron que nunca nos descuidáramos de ella. También la Virgen del Carmen tiene un cuadro muy grande, muy bonito. Aparte, el señor San José y la Virgen María están en bulto y son grandes, así más o menos como uno.

Nosotros crecimos aquí como católicos, pero la verdad es que más que nada somos creyentes. Muchas veces no estamos de acuerdo con lo que dicen los curas, pero nosotros creemos en nuestros santos, en las imágenes que tenemos aquí; aparte creemos en nuestro Santo Dios, que es nuestro Padre. Y así nosotros creemos en lo que tenemos y no necesariamente en lo que nos vienen a decir los sacerdotes o los catequistas.

Pero eso de la imagen que se apareció en uno de los cerros, o sea, la leyenda, lástima que ya no *haiga* ningún viejito de edad para que le pudiera platicar cuál fue y que le contara la leyenda completa. Es que ahora con tanta gente que va y viene, unos al otro lado y otros a otras ciudades, se van los que a lo mejor conocían las historias éstas, y de los que aquí quedamos pos que yo sepa nadie se conoce la historia de la imagen que se apareció. Pero de

que se apareció una imagen, eso sí fue cierto. Habrá sido en la época de los monjes carmelitas o ya después cuando los hacendados, quién sabe. Pero sí ha de haber sido hace mucho tiempo porque todas las imágenes que están en la iglesia son muy antiguas y no hay ninguna imagen que *haigan* traído recientemente. Y bueno, lo único que yo le puedo decir es que esa imagen se apareció en un cerro y cuando la trajeron para acá, gracias a esa aparición los frailes pudieron pacificar a uno que otro indio huachichil, aunque no a todos porque esos eran bien ladinos y ni con los milagros de nuestros santos se dejaron cristianizar.

Jaime Moncada 

PEÑASCO

Nombre original: Santa Cruz del Peñasco y, posteriormente, Nuestra Señora de
                     Guadalupe del Peñasco
Ubicación: Peñasco, municipio de San Luis Potosí capital.
Distancias: 20 km al noroeste de la cabecera municipal.
Giro económico: Agrícola y ganadero y mezcalero.

DESCRIPCIÓN ARQUITECTÓNICA Y CONDICIONES HASTA 2012

La tipología del enorme casco de la hacienda de Peñasco está muy concentrada, con aspecto de fortaleza amurallada por contar con muros altos y recios, así como con contrafuertes en partes del perimetral del conjunto rectangular. Algunas secciones no han sido restauradas y muestran los bloques de adobe deteriorados por el intemperismo. La fachada horizontal tiene, al centro, la puerta principal que ostenta detalles barrocos en los pilares de cantera, mientras que en el dintel hay un sello o monograma de advocación mariana con una M, una A y una R que tal vez signifique *Maria Angelorum Regina* (María Reina de los Ángeles).

Al centro del conjunto, que es también la casa grande, hay un patio central rodeado por pasillos con arcos que, por un lado, llevan a las habitaciones y aposentos, así como las áreas que eran sociales y de servicio. Otros pasillos llevan áreas más al fondo que era el sector de la servidumbre doméstica. Por otro lado, estaba el escritorio y las habitaciones del administrador y de sus empleados más cercanos. En ese sector y con salida al exterior estaba la tienda de raya. En otro sector del conjunto, hacia la parte trasera noroeste, había un huerto familiar y más al fondo la caballeriza y los corrales. En ellos se ven todavía algunos arcos y abrevaderos que tal vez estuvieron techados. Hacia el noreste había trojes y graneros. Al sureste estuvo la mezcalera que es una construcción del siglo XIX tal vez instalada donde hubo trojes antiguas. Todavía están las moliendas y los hornos en desuso, así como el torreón que se ve sólido y en muy buenas condiciones.

Nota: en años recientes ese sector fue restaurado y rehabilitado para la producción de mezcal.

Extramuros había casas y jacales de trabajadores, además de otros corrales. Justo enfrente de la puerta principal está la iglesia dedicada a la virgen de Guadalupe. Aunque podría pensarse que esa construcción es más tardía, lo cierto es que fue levantada en la misma época del siglo XVIII y se estima que fue uno de los primeros templos dedicados a la virgen de Guadalupe en el estado de San Luis Potosí junto con la antigua ermita de Guadalupe (ahora la basílica) y el Santuario del desierto.

Después de varias décadas de abandono, en años recientes se hicieron remodelaciones en lo que fue la casa grande, se cambiaron o agregaron techos con materiales modernos y ya se usa como casa de descanso de sus propietarios actuales y también se renta para eventos sociales.

RESEÑA HISTÓRICA

Siglos XVI y XVII: Con el auge minero en la región, fue necesario que hubiera ranchos y haciendas de campo productoras de granos y carne para el sustento humano. Por esa razón surgieron muchas fincas alrededor de Cerro de San Pedro, del Valle de San Francisco y de San Luis Potosí. Entre otras, se estableció Peñasco originalmente como rancho de ganado menor, pues sus tierras eran aptas para la cría de cabras y ovejas.

1617: Pedro Soto Alegría recibe estas tierras como merced con la condición de llegar a tener dos mil cabezas de ganado menor al término de un año.

16–: Juan de Torres Villasana y Pedro Díaz del Campo, nacido éste en el Reino de Castilla, compran esas tierras. El primero vendió su parte al capitán Rodrigo María Altamirano, mientras que el segundo heredó su parte a su nieta Isabel Maldonado-Zapata (1681-1705), hija de Antonio Maldonado-Zapata Díaz del Campo (1639-1705), quien fue el padre de los Maldonado-Zapata que suelen mencionarse en la historia de algunas haciendas potosinas y del Altiplano.

1675: Juan Francisco de Salas recibe como herencia la parte de Rodrigo María Altamirano. (Algunas fuentes citan que este personaje contrajo nupcias con Isabel Maldonado-Zapata y que ese matrimonio reunió las tierras de Peñasco). Para este tiempo ya se le considera hacienda con el nombre de Santa Cruz del Peñasco.

1696: Isabel Maldonado-Zapata (casada en 1700 con Martín Urroz Niño) vende su parte a Francisco de Uresti Bustamante. Después de éste hubo otros dueños como Francisco de Villanueva Velasco, Francisco Guerrero y Juan Antonio de Palacio.

1753: Muere Juan Antonio de Palacio. Su viuda Ana María Mora y Luna hereda y traspasa las tierras a su hermano, el capitán Francisco de Mora y Luna (1719-1788).

1759: Para este año ya se menciona Nuestra Señora de Guadalupe del Peñasco como hacienda de campo. El conde es quien le da un gran auge a la hacienda y expande los territorios. En su época se construye casi todo el casco en las dimensiones que persisten en la actualidad.

1762: José Luna y Mora funda el mayorazgo de Luna y Mora.

1767: El rey Carlos III concede a Francisco de Mora y Luna el título de Conde de Santa María de Guadalupe de Peñasco. Éste fue el único título nobiliario otorgado en San Luis Potosí.

» » Brota un conflicto de tierras entre los propietarios de las haciendas de Laguna Seca (hoy Cándido Navarro), Pozo de Luna y Nuestra Señora de Guadalupe del Peñasco. Dicho conflicto deviene en tumultos entre rancheros.

Nota: Hubo otro suceso, coincidente si no el mismo, también en 1767 relacionado con los tumultos derivados por la expulsión de los jesuitas.

» » En el mes de octubre, el visitador José de Gálvez reúne a los rancheros inconformes y les reparte solares; también organiza la delimitación de los linderos de las haciendas.

17--: Muere Ildelfonsa Pérez Calderón, de manera trágica, en la casa de la hacienda de Peñasco. Ella había nacido en 1724 en la ciudad de México y fue esposa del 1er conde del Peñasco.

1788: Muere Francisco de Mora y Luna, primer conde de Santa María de Guadalupe de Peñasco en su casa de la hacienda de Peñasco. En su testamento repartió tierras y bienes entre sus hijos.

1789: Juan José Mora y Luna Pérez-Calderón (1759-1805) hereda el mayorazgo, la hacienda de Peñasco y el título nobiliario, convirtiéndose así en el segundo conde de Nuestra Señora de Guadalupe del Peñasco. Él fue dueño de otras haciendas del Altiplano como la de Bocas, Carbonera, Cruces, Guanamé y Laguna Seca.

1805: El 11 de septiembre, tras la muerte de Juan José Mora y Luna acaecida el 30 de julio, la Audiencia Real declara sucesor del mayorazgo y el condado de Peñasco a su sobrino José Mariano Mora Luna, Pérez Calderón y Sánchez Espinosa.

Siglo XIX: A lo largo de este siglo, la hacienda de Peñasco tuvo otros propietarios, siempre por herencia adentro de la misma familia.

1907: Jesús Espinosa y Parra (1872-1954) es el dueño de Peñasco. A él le tocó sortear la Revolución, la Reforma Agraria y el reparto ejidal.

1910: El 4 de octubre, Francisco I. Madero, tras huir de San Luis Potosí, aborda un tren en la estación cercana a Peñasco para huir a Texas. El candidato opositor al régimen porfirista, quien había sido capturado en Monterrey y encarcelado en la penitenciaría de San Luis Potosí desde el mes de junio, la lluviosa tarde-noche del 3 de octubre logró escapar de prisión. En la madrugada del día 4, sus aliados lo llevaron a la estación próxima a la hacienda de Peñasco donde, haciéndose pasar como mecánico, logró burlar la vigilancia y viajar en ese tren.

1929: Se lleva a cabo la expropiación ejidal en la hacienda de Peñasco.

1935: Jesús Espinosa y Parra se ve obligado a hipotecar lo que quedaba de la hacienda por conflictos con Francisco Carrera Torres. Estuvo abandonada por un tiempo hasta que la compró su propietario actual quien, entre otras mejoras, rehabilitó la fábrica de mezcal.

HISTORIAS, ANÉCDOTAS, TESTIMONIOS E HISTORIA ORAL

1. La hacienda de Peñasco se llama así por el cerro o peñón que se yergue al lado sureste del casco. Cuentan que el conde tenía un puesto de vigilancia permanente en la cima del peñón y que si había sospecha de ataques huachichiles o de los salteadores, los vigilantes encendían una fogata y con señales de humo alertaban del peligro inminente.

2. Dice Felipa Sánchez: "En la hacienda esclavizaban a los indios que eran muy ladinos. Esos trabajaban los corrales, las huertas y siempre los traían encadenados. Trabajaban de sol a sol, con poca agua y con poca comida. Cuando terminaban la jornada dormían en unos jacales atrás de la casa, o sea afuera de la hacienda. Dicen que una noche hubo aullidos de coyotes más que nunca y que en la mañana los esclavos ya no estaban. No sé si sea historia o leyenda de esas que usted pregunta, pero el jefe de los indios vino a liberar a sus hermanos y por eso aullaron los coyotes".

3. En la época del conde construyeron un túnel desde el oratorio que tenían adentro de la casa hasta atrás del altar de la capilla de la virgen de Guadalupe. No había sacerdote de planta aquí, pero el conde pagaba para que una vez a la semana viniera uno de San Luis y cuando venía, él y su familia iban de la casa a la iglesia por ese túnel para escuchar misa.

4. Misóforo Campos dice: "Aquí en las Norias del Conde (un pueblo ubicado en el municipio de Guadalcázar a un lado de la carretera 57) había una casa del administrador, o sea que aquí era estancia de la hacienda de Peñasco y tenía administrador que veía por todos los ranchitos y el ganado y las norias con sus aguajes. Una vez por año venía el conde cuando iba a sus haciendas del norte. Dormían él y su gente más cercana en la casa del administrador y los otros empleados pasaban la noche en los jacalitos de los trabajadores. Dicen que el carruaje del conde era de lo más fino, que ni el de Santa Anna le llegaba. Es que aquí también estuvo una vez Santa Anna con su gente cuando iban a echarle guerra a los gringos."

5. Jorge Borjas Benavente dice: "No estoy seguro si está en el Santuario de Guadalupe o en el templo de San Francisco el sepulcro del 1er conde del Peñasco. Sé que murió en su hacienda y que el cortejo fúnebre fue larguísimo, desde allá hasta aquí la capital. La misa de cuerpo presente no se hizo en catedral porque en aquel tiempo San Luis no tenía catedral. Aquí el cortejo fue recibido por toda la nobleza, la aristocracia y la burguesía potosina. No eran muchos, pero sí suficientes para que haya sido un sepelio memorable, tanto que, mira, más de dos siglos después seguimos hablando de eso.

6. Sebastián Valladares dice: "El hacendado era dueño de muchas haciendas más chicas. Su esposa y los hijos legítimos vivían en Peñasco, pero también tenía mujer en Melada. Iba a Melada a verla y luego seguía al Manzo o a Bocas. Tuvo varios hijos afuera del matrimonio y les dio tierras, aunque no el apellido".

7. En una esquina del casco había unas trojes que se quemaron. Dicen que allí almacenaban lana de borrego y pieles que llevaban a vender a San Luis, pero se quemó y el conde ya no quiso seguir con ese negocio. Entonces aprovecharon el lugar para instalar la fábrica de mezcal. En ese tiempo llegaban las carretas cargadas de piñas de maguey y luego se iban cargadas con toneles de mezcal que entregaban en las abastecedoras de San Luis Potosí.

8. Cuando tendieron la vía del tren, el conde tenía problemas con el gobernador de San Luis y, como represalia política, tendieron el ramal lejos del casco de la hacienda y no instalaron una estación.

9. Dice don Crescenciano: "Una tarde de tormenta seca, o sea de esas veces que caen rayos sin que haya nubes, cayó un rayo en la punta del peñasco y mató a los vigilantes que se estaban allá una semana completa. A la semana bajaban a descansar y otros iban allá de reemplazo porque había que tener vigilado todo. Cuando cayó ese rayo, el mismo hacendado subió con el sacerdote a echar agua bendita y a bajar a los muertitos".

10. En la época de la revolución cedillista, los dueños de Peñasco pusieron hombres armados en todos los caminos. Nunca pudieron llegar los cedillistas a robar la hacienda, lo más cercano fue cuando venía una caballada por la laguna que nunca tiene agua y allá los hombres del hacendado les hicieron frente y acabaron con todos esos bandoleros.

11. Se dice que en el remate de la puerta principal había un escudo heráldico del conde del Peñasco, pero cuando estuvo la casa abandonada alguien se lo robó. Sin embargo, en el foro de Imágenes históricas en Facebook, Ferchos Espino comenta que: "Arriba de ese monograma se encontraba el escudo de armas de mi familia. Mi abuelo lo quitó al parecer para evitar ostentación". Y agrega que en la iglesia están sepultados sus bisabuelos Manuel Espinosa y Cervantes (1833-1890) y Carmen Parra Pastor (1842-1909).

Leyendas

Los huachichiles en la hacienda de Peñasco

Contaban las gentes de antes que cuando esta hacienda estaba en su apogeo había muchas carencias y que a la gente la trataban muy mal, pero más peor a los huachichiles. Había muy poco que comer y la gente se vestía con las mismas garritas que tenía porque no acabalaba con lo que ganaba en el trabajo de sol a sol. Y si alguien se robaba algo, cuando iba a misa se confesaba con el padre y como el padre estaba vendido con el hacendado luego iba y le pasaba el chisme y así hasta mataban a los que habían robado algo. Pero más peor era el trato a los indios porque a los indios no los querían para nada.

Luego, *asegún* la leyenda, que esos huachichiles era muy largos, porque la largura de la gente viene desde que se formó el mundo. Desde entonces la gente es larga y nadie viene tonta; dijo un señor que luego tenemos cara de tontos, pero tontos nada porque luego somos muy largos pero más largos eran los huachichiles porque ellos sabían cómo "torear al toro". *Asegún* cuentan que los huachichiles tenían habitadero por aquí y no se dejaban que los agarraran los hacendados para hacerlos esclavos, pero ay donde pescaran a uno porque lo explotaban hasta matarlo con puro sudor y trabajo.

Parece que arriba del peñasco, del cerro, los huachichiles tenían una cruz de la de ellos de antes, que no es la misma cruz que luego nosotros adoramos ahora. Pero cuando llegaron los gachupines quitaron esa cruz y pusieron otra, de la cristiana, católica la cruz. Dicen que esa cruz original se la robaron; era una Santa Cruz y pusieron otra crucita que no servía. Yo creo que sí han de haber sabido quién se la llevó, y quien se la llevó le ha de haber luego tocado un castigo divino. Póngale que el castigo no le llega ahorita, pero le llega de rato y para cuando reacciona ya le cayó el castigo.

Tomás Hernández

Un charro vestido de negro

Hace muchos años había una señora que hacía el aseo en el templo de Peñasco y ella decía que en las tardes, antes del anochecer, en veces se abría la puerta de la hacienda, se abría sola y salía

un hombre vestido de negro como charro. Caminaba directo al templo y se metía, entraba y caminaba hasta el altar donde se esfumaba. Eso decía esa señora que no me acuerdo cómo se llamaba; yo estaba chamaco y acompañaba a mi mamá al templo cuando íbamos de visita a los parientes que vivían en Peñasco. De esto que le cuento es de hace más de cincuenta años cuando la hacienda estaba abandonada y la puerta estaba siempre cerrada con una tranca por dentro. Pero cuando salía esa ánima del charro vestido de negro, la puerta se abría sola. Mi mamá le preguntó a esa señora si no le daba miedo ver a un fantasma así y ella decía que no porque no era un fantasma que anduviera asustando ni queriendo hacerle mal a nadie; decía que era el ánima de alguien de la hacienda que fue devoto en vida y luego ya de muerto seguía con su devoción y por eso se aparecía. Eso le dijo la señora a mi mamá.

Sebastián Valladares

PEOTILLOS

Nombre original: Los Peotillos
Ubicación: Peotillos, municipio de Villa Hidalgo, S.L.P.
Distancias: 62 km de la capital del estado.
                     15 km de la cabecera municipal.
Giro económico: Los principales fueron la cría de ganado menor y el ixtle, aunque en distintas épocas. En menor escala fue también hacienda carbonera, minera, agrícola y mezcalera.

Descripción arquitectónica y condiciones hasta 2012

El casco de esta hacienda estuvo conformado por varios conjuntos. El principal, amurallado en sus orígenes, comprendía el núcleo de la casa grande, habitaciones para la servidumbre doméstica, algunas trojes y caballerizas, así como la antigua fábrica de mezcal, en la parte trasera. Tanto las caballerizas, trojes y fábrica se ven en buenas condiciones, aunque estén en desuso.

Extramuros, hacia el sur, hay más trojes y se encuentra la iglesia, en buenas condiciones; ha sufrido remodelaciones a través del tiempo y tiene un área abandonada. Hacia el oriente existen también trojes, una noria, y estaban las casas de los trabajadores. Muchas de estas construcciones antiguas son ahora de uso comunitario o han sido adaptadas como casa-habitación. Algunas huertas siguen en producción y están muy bien cuidadas; por una de ellas pasa un acueducto en desuso. Hay un "panteón" familiar en una de las huertas, pero no es un cementerio propiamente dicho, pues allí no se realizan inhumaciones.

Se desconoce cómo era la casa grande original, aunque se cree que tuvo torretas de vigilancia. Fue reconstruida entre 1863 y 1865, dándole un estilo ecléctico y señorial. Está muy bien conservada y sus dueños actuales la usan como casa vacacional. Varias paredes muestran todavía pintura de hace siglo y medio, aproximadamente; también hay viguería antigua. El jardín central conserva su fuente y sus áreas verdes de antaño. Todos los arcos, de medio punto y rebajados, tanto en el exterior como en el interior, se ven intactos; lo mismo las columnas y pilastras labradas de cantera y los remates o dinteles de las puertas. Casi todas las habitaciones alrededor del jardín están habilitadas con todo lo necesario que la modernidad requiere, pero conservando su estilo antiguo. Igual sucede en la vieja cocina y el comedor; éste con mobiliario antiguo.

En esta casa sobresale el mirador, levantado durante la reconstrucción de 1863 a 1865. Es similar en estilo al de la hacienda San Antonio de la Sauceda (municipio de Villa de Zaragoza, S.L.P.). Tuvo un reloj; ahora sólo queda la carátula hacia el sur.

Notas:

1. Ésta es de las pocas haciendas en el Altiplano que se pueden considerar como museo; recibe visitas. De hecho, hay dos habitaciones usadas como museo familiar, donde exhiben fotografías antiguas, mapas, planos, libros y objetos que fueron de uso de la hacienda.
2. Como dato singular, en una de las paredes del jardín central, en área techada, hay una especie de registro o anecdotario familiar, donde los dueños y sus familias han anotado fechas de visitas o eventos relevantes.
3. Existe un "panteón" familiar, en un rincón de la huerta al lado oriente de la casa, donde están las "tumbas" de algunos propietarios y sus descendientes. Más que panteón, es un tributo al recuerdo familiar. En las lápidas se leen los nombres de los ancestros cuyas cenizas o cuyos recuerdos se encuentran allí depositados.

Reseña histórica

1631: Las primeras referencias de Peotillos apuntan que José de Echagoyan fundó este lugar, sin que se mencione como hacienda.

1680: Antonio Maldonado-Zapata Díaz del Campo (1639-1705) como propietario le da a la hacienda el giro de carbonera para abastecer a la minería en Cerro de San Pedro. En aquel tiempo se llamaba Los Peotillos.

1705: Gertrudis Maldonado-Zapata Santibáñez (1681-1735) hereda la hacienda tras la muerte de su padre. Ella se había casado con el capitán Nicolás Fernando Torres Torres el

21 de noviembre de 1700. Él era un acaudalado minero, comerciante y terrateniente. La pareja también era dueña de las haciendas Pozo del Carmen y Laguna Seca.

1715: A través de invasiones y litigios, Nicolás Fernando Torres se apodera de tierras pertenecientes a indígenas otomíes en San Nicolás Tolentino y así expande sus haciendas de Peotillos y Pozo.

1735: Fallece Gertrudis Maldonado-Zapata de Torres en Querétaro. Como murió sin descendencia, heredó sus bienes a la orden de los carmelitas descalzos que había fomentado juntamente con su marido muerto tres años antes.

» » Fue durante la administración carmelita cuando Peotillos alcanzó su máxima extensión territorial, con aproximadamente 197,000 has (misma que conservó durante la época de los Ibarra y de los Muriel hasta la repartición ejidal a principio de los años 30 del siglo pasado). Los carmelitas mantuvieron los giros agrícola y ganadero y agregaron el mezcalero. En el casco construyeron una casa de campo austera (la casa principal estaba en Pozo del Carmen), trojes y corrales.

1817: El 15 de junio, se registra la "Batalla de Peotillos", una acción militar durante la guerra de Independencia. La noche anterior había llegado al casco de la hacienda el mercenario Francisco Javier Mina con un diezmado grupo de 300 insurgentes. El coronel realista, Benito Armiñán, venía siguiéndolo con un ejército bien armado de 2,000 hombres. Previo al arribo de Mina, el mayordomo de Peotillos había ordenado a los criados que huyeran con todas las provisiones y el ganado. El pelotón insurgente no encontró gente ni alimento. En la mañana del día 15, apareció Armiñán y se libró la batalla que duró tres horas. Contra todo pronóstico, debido a la diferencia en número de combatientes, el pequeño ejército de Mina derrotó al de Armiñán, quien huyó a San José (hoy Villa Hidalgo). Un par de días después, el realista volvió para ocupar la casa grande, que seguía abandonada, y así reabastecerse. (En la plaza del pueblo hay un monumento alusivo a esta batalla ganada por Francisco Javier Mina.)

1847: La Provincia de San Alberto del Carmen, orden de los carmelitas, por problemas financieros vende la hacienda al mejor postor. La adquirió Isabel de Goríbar, quien estaba casada con Pablo Ibarra, de origen español (al parecer eran primos).

1863-1865: Se hace la reconstrucción de la casa grande, con el estilo que aún prevalece.

1865: En junio, se establece en las inmediaciones de Peotillos el general Mariano Escobedo al frente de sus hombres. Su presencia hizo que los franceses y los zuavos se retiraran de allí.

1866: En agosto, Pablo Ibarra da albergue en la casa grande a un regimiento del imperio de Maximiliano, comandado por el mariscal François Achille Bazaine.

Se establece un cuartel general en el casco de la hacienda.

1867: La República restaurada le exige a Pablo Ibarra un pago de impuestos exagerado como represalia por haber apoyado al Segundo Imperio y permitido que los franceses tuvieran en su casa un cuartel general. Dado que no tenía manera de liquidar la deuda, él y su esposa se vieron obligados de hipotecar la hacienda. Fue así como Peotillos pasó a ser propiedad de Manuela Soberón Sagredo (1805-1882), esposa de Anastasio Hernández en terceras nupcias (había enviudado de Ignacio Muriel Benito y, anteriormente, de Matías Hernández Pérez de Soto).

1882: El 2 de agosto, fallece Manuela Soberón en San Luis Potosí.

1901: El dueño de Peotillos es Matías Hernández Soberón. En este año permutó tierras con el Ferrocarril Central Mexicano cuando se tendió el ramal ferroviario en partes de su hacienda que abarcaba los municipios de Iturbide (hoy Villa Hidalgo), Guadalcázar y Villa de Arista.

19--: Ignacio Muriel Soberón es el propietario de Peotillos. En esa época se hicieron muchas mejoras al casco y se instaló la fábrica de mezcal.

» » A partir de entonces, la descendencia de la familia Muriel ha sido la dueña del casco de esta hacienda. Los cambios de propietarios se han dado por herencias dentro de la familia misma.

191-: Llega a Peotillos, con sus secuaces, el líder revolucionario Alberto Carrera Torres. Saquearon el casco de la hacienda.

1917: Los Muriel y otros hacendados de la región se ven obligados a pagar cuota de protección a Francisco Carrera Torres. En otras palabras, el chantaje de "protección" provenía de la misma gente de Carrera Torres para que no afectaran las haciendas.

1917 - 1919: Durante su corta administración como gobernador del estado de San Luis Potosí, el general Juan Barragán gestionó para que muchas haciendas no resultaran afectadas o fueran devueltas a sus antiguos propietarios, lo cual provocó gran disgusto a Saturnino Cedillo. Peotillos fue una de las haciendas beneficiadas, pues sus tierras no fueron repartidas entonces.

1936: Ignacio Muriel Cabrera crea y opera la Nacional Ixtlera y el Banco Ixtlero junto con Edgardo Meade. Ambas empresas desaparecieron en 1945, cuando el presidente Lázaro Cárdenas las nacionalizó para crear la Forestal.

En la actualidad, el casco de Peotillos y parte de las tierras pertenecen a una sociedad familiar de los Muriel y los del Villar.

Nota: Éste es uno de los pocos casos, si no el único en el Altiplano, en que la hacienda ha pertenecido a la misma familia por varias generaciones, 130 años aproximadamente. Se conservan muchos libros de registro de las actividades económicas, sobre todo en el rubro del ixtle y el ganado menor.

HISTORIAS, ANÉCDOTAS, TESTIMONIOS E HISTORIA ORAL

1. Desde sus orígenes, era tan grande este latifundio que había pastoreo trashumante. Muchos pastores ni siquiera llegaron a conocer el casco ni la tienda de raya.

2. Se dice que la reconstrucción que se hizo entre 1863 y 1865 tuvo como propósito que fuera la "casa de campo del norte" del emperador Maximiliano y su esposa Carlota.

3. Entre 1890 y 1896 hubo una sequía causada por el "huasteco", siendo éste un viento muy cálido que provoca(ba) sequías, según el conocimiento empírico del clima de la gente de antes. Se dice que aquella sequía fue de tal grado que José Muriel estuvo al borde de la

quiebra porque murieron millares de cabras, que eran el sustento principal de la hacienda.

4. Sin precisar fechas, se cree que Porfirio Díaz se haya hospedado un par de días en Peotillos; esto durante alguna de las visitas oficiales que hizo por San Luis Potosí.

5. A principios del siglo XX, los Muriel, muy interesados en las novedades tecnológicas, trajeron la primera transmisión de radio a Peotillos. Los sábados por la tarde y los domingos colocaban el aparato en la plaza para que todos los trabajadores y sus familias también gozaran de esa manera de entretenimiento.

6. También a principios del siglo XX, José Muriel tuvo la idea de criar gusano de seda en Peotillos. Para eso, realizó un viaje al lejano Oriente con el propósito de traer larvas. Plantó muchas moras en la huerta familiar y construyó un acueducto. Su proyecto no dio resultado.

7. Aunque en Peotillos no hubo grandes problemas durante la Revolución, se rumoraba que había "grupos de exterminio", cuyo propósito era el de matar a las niñas y llevarse a los niños a la guerra. Para evitar cualquier problema, los hacendados protegieron y cuidaron no sólo a los infantes, sino a las familias que trabajaban para ellos por igual.

8. Se dice que en la época de la Revolución hubo pocos problemas en Peotillos, principalmente porque la mayoría de los trabajadores estaba conforme con el trato que recibía.

9. Los hacendados siempre estaban al pendiente del bienestar de sus trabajadores. Por ejemplo: si una mujer se encontraba a punto de dar a luz y no había modo de que el médico llegara a tiempo, el hacendado mismo hacía las veces de partero. Si a alguien lo mordía una víbora, el hacendado lo curaba, sin ser doctor, pero teniendo conocimientos básicos de medicina. Para cualquier emergencia médica enviaba a la gente a San Luis en sus propios carruajes o paraba el tren que venía de Tampico para que transportaran al enfermo.

10. Durante la Reforma Agraria, los trabajadores de Peotillos no querían que se repartieran las tierras; preferían seguir trabajando para sus patrones. Sin embargo, éstos les aconsejaron que aceptaran las tierras que se les iban a asignar porque, de lo contrario, con seguridad llegarían personas de otros rumbos a reclamarlas. Ésta es una de las tantas razones por la cual en Peotillos nunca ha habido un odio expreso contra los hacendados.

11. Durante una etapa de crisis económica, José Muriel Cabrera trató de vender la hacienda al mejor postor; se dice que incluso estuvo en tratos con un manicomio de San Luis Potosí para tal efecto. Como no hubo comprador, los descendientes sostuvieron una serie de consultas para hacerle una propuesta a su tío. Tres de ellos adquirieron la hacienda, conformando así una sociedad familiar: Guadalupe Kretchmar Muriel, Ignacio Muriel Cabrera y Loreto Muriel García.

12. En los años 70 del siglo pasado, los mismos hacendados se hicieron cargo de todas las gestiones legales en la Ciudad de México en favor de los ejidatarios. Les dieron asesoría para el beneficio de los trabajadores y evitar que gente desconocida, sin arraigo a estas tierras, se beneficiara con el reparto ejidal.

Leyendas

La mona

De leyendas que cuentan aquí de la hacienda… Creo que la más conocida es esa de la mona. Dicen que es una mujer vestida de blanco y la describen desplazándose o flotando, no camina, y dicen que anda a lo largo de uno de los pasillos hasta desaparecer en unos cuartos en desuso donde había unos baños.

Cuentan que diversos visitantes en distintas épocas, gente que ha venido a hospedarse por un fin de semana o más días, han sentido presencias o sensaciones extrañas en algunas habitaciones. Otros incluso han dado testimonios de la famosa mona, la mujer vestida de blanco que aparece y flota a lo largo los pasillos.

Recuerdo que, en una ocasión, al chófer de unos familiares que vinieron le asignaron esa habitación y en la mañana dijo que no pudo dormir en toda la noche porque estaba una mujer vestida de blanco, sentada frente un espejo, cepillándose el cabello, y lo curioso es que no se veía el reflejo de ella en el espejo. Dijo que fue tanto su miedo que no se atrevió a salirse de la cama.

Ignacio Muriel García

Otra versión de esta misma leyenda dice lo siguiente:

Mucha gente cuenta que adentro de la hacienda se aparece una mujer y le dicen la mona. Pero no sólo eso, dicen que también se aparece aquí en el templo, o sea que hay gente que supuestamente la ha visto. A mí muchas veces me pasa que estoy sola muchas horas aquí y sí he escuchado ruidos, pero no he visto nada que me asuste. Aquí junto hay una troje que, parece, era la iglesia vieja. Está abandonada y ahí guardan cosas. Mucha gente me ha contado que ahí es donde más se aparece la mona.

Guadalupe Ortega

El túnel

No, eso que usted dice del túnel de Pozo del Carmen no es correcto. El túnel que va hasta San Luis parte de Peotillos. Ese túnel empieza ahí en la mera hacienda de Peotillos, pasa por

Buenavista y por Venadito y llega hasta mero San Luis. Creo que sale allá por la altura de Morales; por el rumbo de las mineras.

Ese túnel de seguro lo hicieron los gachupines que eran los buenos de la hacienda. Y como era una hacienda muy rica, entonces yo creo que ellos se iban por abajo para proteger sus bienes cuando tenían que viajar a San Luis. Y, según se cuenta, por el mismo túnel, por abajo, llevaban toda la caballada y todas las vacas que habían de vender allá en San Luis.

Esa hacienda de Peotillos fue muy rica. Se perdió en una apuesta. El hijo del dueño era muy picado *pa'* la jugada. Y parece que la perdió en una apuesta de póker.

Miguel Méndez Guillén 

POZO DEL CARMEN

Nombre original: El Pozo o Pozo del Rosario
Ubicación: Pozo del Carmen, municipio de Armadillo, S.L.P.
Distancias: 50 km de la capital del estado.
    8 km al norte de la cabecera municipal.
Giro económico: Agrícola y ganadero; tuvo también una fábrica de mezcal.

Nota: Pozo del Carmen se ubica en el municipio de Armadillo, al cual no se le considera parte del Altiplano potosino. Sin embargo, en el pasado la hacienda abarcó territorios que hoy en día pertenecen al municipio de Villa Hidalgo.

Descripción arquitectónica y condiciones hasta 2012

En este lugar hay dos cascos, uno construido a finales del siglo XVI o principios del XVII y otro a finales del siglo XIX.

El casco más antiguo tenía como conjunto principal lo que aún se ve adyacente al templo, aunque cabe la posibilidad de que, a la llegada de los monjes carmelitas, éstos hayan mejorado la casa grande original, agregándole habitaciones e incluso cambiando el estilo, pues para ellos fue monasterio.

Hoy en día todo esto se encuentra abandonado, pero en buenas condiciones. Sólo hay acceso a un recinto, donde está la pila bajo techo que siempre tiene agua y un túnel. Allí se lee la fecha de 1886, quizá cuando este casco fue remodelado.

Frente a estas construcciones hay otras, más recientes, con arcos de medio punto y arcos rebajados; ya no tienen techos. En la parte trasera, hacia el sur, hubo caballerizas; los abrevaderos se ven en buenas condiciones y siguen utilizándose como tal.

Hacia el sur hay una caja de agua, abandonada y en desuso. Es semejante a la de San Luis Potosí (uno de los símbolos de la capital), aunque no tan ornamentada. A pocos metros hay una poza con dique, la cual siempre tiene agua y da sustento a la comunidad. En la compuerta se lee la fecha de 1875, seguramente construida por los propietarios del segundo casco.

El templo, de uso comunitario y que sólo se abre en fechas especiales, está muy bien conservado, tanto en su sobrio exterior como en su ornamentado interior, donde hay óleos del siglo XVIII y un retablo barroco muy impresionante, de los pocos de este estilo afuera de la capital potosina. En la entrada se lee la fecha de 1798.

Hacia el oriente hay trojes construidas en la época de los carmelitas. Unas están en desuso y otras son de uso comunitario.

Un tanto alejado de este casco, hacia el norte, se ubica el conjunto fortificado del casco construido en el siglo XIX. Éste se encuentra abandonado, pero no en ruinas. Sus muros son muy altos y en el interior hay una torre vigía hexagonal, pero no es tan estilizada como la de Peotillos.

Esta casa grande tenía integradas las habitaciones de los empleados domésticos, así como algunos establos y pequeñas trojes. La tienda de raya estaba en la esquina suroeste, al lado izquierdo de los arcos de la fachada. Ésta es señorial, con arcos de medio punto en un porche techado que daba acceso a la entrada principal. Al lado derecho continúa con puertas rectangulares con dinteles de cantera y rejas de hierro.

Nota: Puesto que los propietarios habían adquirido la hacienda completa antes de levantar la nueva casa grande o segundo casco, aprovecharon las trojes antiguas, al igual que todos los elementos arquitectónicos anteriores.

Reseña histórica

1598: Alonso Pérez de Bocanegra funda la hacienda con el nombre de Pozo. Tal vez la vocación original era minera, dado que en el vecino pueblo de Santa Isabel de Armadillo se beneficiaba metal de las minas de Cerro de San Pedro. Él tuvo otras haciendas, como la de El Fuerte, en el municipio de Santa María del Río, S.L.P. Es factible que haya heredado la hacienda a su hija Teresa, como fue el caso de El Fuerte. Ella estaba casada con el capitán Diego de la Fuente Rincón.

1680: Todas las fuentes mencionan que la familia Maldonado-Zapata era propietaria de esta hacienda, sin precisar fechas. Si tomamos la historia de Peotillos como referencia, en este año Antonio Maldonado-Zapata Díaz del Campo era el dueño y su descendencia lo fue hasta 1735.

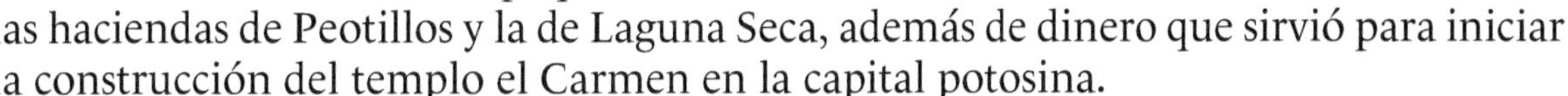

1687: El 14 de julio, se casa José Maldonado-Zapata Luna con María Teresa Losoya Castillo en la parroquia de Santa Isabel, en Armadillo. Él fue medio hermano de Gertrudis Maldonado-Zapata Santibáñez.

1735: Fallece en Querétaro Gertrudis Maldonado-Zapata de Torres, viuda del capitán Nicolás Fernando Torres Torres, y deja todos sus bienes a la Provincia de San Alberto de los carmelitas descalzos, pues ella y su marido habían establecido dicha orden en San Luis Potosí y no tuvieron descendencia. El paquete hereditario incluía

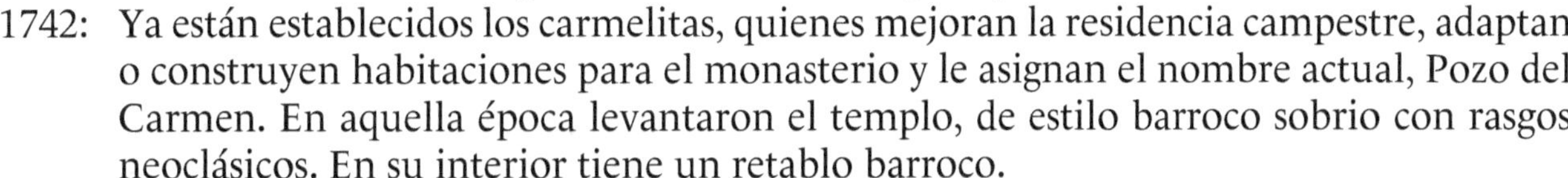

las haciendas de Peotillos y la de Laguna Seca, además de dinero que sirvió para iniciar la construcción del templo el Carmen en la capital potosina.

1742: Ya están establecidos los carmelitas, quienes mejoran la residencia campestre, adaptan o construyen habitaciones para el monasterio y le asignan el nombre actual, Pozo del Carmen. En aquella época levantaron el templo, de estilo barroco sobrio con rasgos neoclásicos. En su interior tiene un retablo barroco.

» » En su época, los frailes implementaron un sistema hidráulico gracias a un manantial y crearon represas y acueductos para irrigar las huertas y los abrevaderos del ganado. Como parte de este sistema, aún existe el "baño de los carmelitas", un recinto de cantera en forma octagonal con poza estilo tina romana que es irrigada de manera natural.

17–: Los xi'oi (pames) viven en territorios aledaños a la hacienda y trabajaban las tierras. Ellos pertenecían a la parroquia de Armadillo, de advocación franciscana, cuyo párroco era defensor de los nativos. Él tuvo un gran disgusto cuando los carmelitas descalzos heredaron y se establecieron en Pozo del Carmen porque interferirían en su parroquia y el modo de hacer doctrina.

1832: El 3 de agosto, se libra una sangrienta batalla entre las fuerzas comandadas por el general Pedro Otero y las del general Esteban Moctezuma, quien meses antes se había proclamado en favor Manuel Gómez Pedraza como presidente legítimo de México. El ejército de Otero estaba a punto de ganar la batalla cuando su jefe cayó muerto; ante el desconcierto generalizado, Moctezuma se alzó victorioso.

1861: Desde 1847, la orden de los carmelitas tenía problemas financieros. Ya habían vendido la hacienda de Laguna Seca y en 1851 vendieron la de Peotillos a Herculano Manrique de Lara (1814-1873). Ahora, en este año de 1861 vendieron Pozo del Carmen al mismo Manrique de Lara. Otras fuentes señalan que el comprador fue Sebastián Manrique de Lara (1805-1867), quien fuera hermano de Herculano.

» » En esta época se construyó la casa grande del segundo casco, de mayores dimensiones que la anterior, a poca distancia del monasterio, pero se siguió utilizando el templo y ocupando las habitaciones para sus trabajadores, así como las trojes y todos los elementos arquitectónicos antiguos. En este casco destaca un mirador central que tiene semejanza con el de Peotillos. Es posible que el mismo arquitecto haya trabajado en ambos proyectos toda vez que las dos haciendas eran del mismo dueño.

1873: Fallece Herculano Manrique de Lara en su hacienda de Pozo del Carmen.

1906: El 16 de abril, José Encarnación Ipiña adquiere la hacienda y el rancho anexo llamado El Tanquito a los legatarios de Joaquín Manrique de Lara. Las escrituras quedaron a nombre de su hijo Roberto Ipiña.

» » Los siguientes propietarios fueron los Cabrera Ipiña. No queda claro si adquirieron la hacienda por compraventa o por herencia. A ellos les tocó sortear los problemas de la Reforma Agraria, perdiendo así gran parte de sus tierras.

HISTORIAS, ANÉCDOTAS, TESTIMONIOS E HISTORIA ORAL

1. Cuando los carmelitas ya habían logrado que algunas familias xi'oi aceptaran el bautismo y trabajaran las tierras, pensaron que con sus estrategias de doctrina también iban a poder evangelizar a los huachichiles e invitarlos a laborar para ellos. No les dio resultado. De hecho, los huachichiles se convirtieron en "el terror" de los monjes, pues robaban ganado a placer, sin que nadie pudiera con ellos.

2. Más como leyenda que como anécdota histórica, se dice que los carmelitas construyeron un túnel entre el monasterio de Pozo del Carmen y el templo del Carmen en San Luis Potosí. Esto con el propósito de transitar por allí sin problemas, ya que los huachichiles asolaban la región. Otras versiones dicen que el túnel iba entre las haciendas de Pozo del Carmen y Peotillos.

3. Se dice que un día de 1742, el párroco de Armadillo expresó: "Cayó el gozo en El Pozo". Esto a guisa de reclamo por la presencia de los carmelitas en su parroquia franciscana.

4. La fábrica de mezcal era muy productiva pero también un problema para los carmelitas, pues los huachichiles solían asaltar las carretas que transportaban las barricas a San Luis Potosí. Para evitar los atracos, los monjes se vieron obligados a contratar policías que acompañaran a los carreteros. Esto duró así hasta que hubo comerciantes que compraran el producto directamente en la fábrica.

5. El retablo barroco en el templo no fue hecho exprofeso para este templo, sino que estaba en el templo del Carmen en San Luis Potosí y cuando éste fue restaurado al estilo neoclásico, el retablo fue enviado al templo en la hacienda de Pozo del Carmen.

6. Hacia el norte del casco, sobre el camino a la hacienda La Corcovada y Villa Hidalgo, todavía existen las ruinas de lo que fue la puerta de entrada a esta(s) hacienda(s). No se sabe cuándo se construyó ese puesto de vigilancia, pero se dice que siempre había una persona que pasaba revista de todo visitante, quien allí debía registrarse.

7. A principios del siglo XX, sin precisarse el año ni el personaje de este recuerdo, encontraron a un trabajador de la hacienda ahogado en la poza. El cadáver estaba vestido, incluso con las botas puestas. Nunca se supo si fue accidente, suicidio u homicidio.

Corrió al Diablo a chicotazos

¿Ya fue a conocer la poza de agua? Allá es donde está el famoso túnel que, cuentan, va hasta San Luis. Ya tiene muchos años que está aterrada la entrada, pero dicen que antes por ahí caminaban rumbo San Luis, pero quién sabe si en verdad llegue hasta allá. Y sí, de aquí cuentan muchas leyendas y como usted anda preguntando de esas cosas le voy a platicar esta que de seguro no se sabe:

Resulta que hace muchos años, cuando aquí estaban los carmelitas, una vez quién sabe qué pasó, pero se metió el demonio a la iglesia; el mero el Diablo se metió y no había poder humano que lo pudiera sacar. *No'mbre* imagínese el alboroto de los monjes que aquí vivían porque ya ni siquiera podían entrar a la iglesia porque aprestaba a puro azufre, se oían gritos muy feos, se movían las cosas, y se les aparecía el Diablo, el mero Diablo. Cómo no habrá estado la cosa que todos los padres se fueron, sí, abandonaron aquí de tanto miedo que tenían. Se fueron después de que vino el obispo de San Luis con varios ayudantes de él para sacar al Diablo. Pero, fíjese, ni con sus rezos y sus cosas pudieron echar al Diablo. *No'mbre*, ya le había gustado aquí y nada lo iba a sacar, ¿verdad?

Y así pasó el tiempo y la iglesia estuvo cerrada. Los monjes no venían para acá, pero sí mandaban a los trabajadores para que estuvieran al pendiente de la hacienda, de las tierras y del ganado. Pero ninguno se atrevía a meterse la iglesia; no, qué meterse ni que nada, ni siquiera se acercaban y menos ya pardeando porque de noche la cosa se ponía peor.

Y cuentan que en eso llegó aquí un sacerdote que seguramente era de los mismos carmelitas, pero no de los de aquí. Parece que llegó solo y como traía las llaves, pues abrió la iglesia. *No'mbre*, dicen que *nomás* de abrir la puerta salió la pestilencia a infierno y comoquiera el padrecito se fajó bien los pantalones y se metió. Las gentes que habían llegado con él se quedaron afuera y hasta se habrán ido corriendo porque los ruidos que salían de adentro eran pero bien gachos. Y ahí va el padrecito, ahí va muy valentón y se metió y retó al Diablo. Pero un padrecito era poca cosa para el Diablo y le puso una buena zarandeada. Pero el padrecito aquí en su túnica en vez de traer cinto traía un chicote de cabresto y como ya estaba muy enojado con el Diablo de tanta zarandeada, que se quita el chicote y que empieza a agarrar al Diablo a chicotazos. Y ahí estuvieron, dándose uno al otro y el padrecito ganó. Estaba ya tan enojado que hasta se le olvidó hablar palabras bonitas y le empezó a decir al Diablo un

montón de maldicionzotas y seguía dándole duro y dale con el chicote. Cuando ya no quería más, el Diablo salió corriendo y el padrecito ahí iba detrás de él diciéndole una bola de maldiciones y el Diablo corrió rumbo a la poza y el padrecito ahí seguía detrás de él. En su desesperación, el Diablo iba tan rápido que ni se fijó y se estampó en una pared que está más abajito de la poza donde hay un charco. Ahí mero quedó estampado el Diablo.

Ahorita que vaya usted a conocer la poza y la caja de agua, camine un poquito más hacia su izquierda y ahí está la pared de roca que le digo. Fíjese bien y va a ver que así entre la roca está la figura del Diablo estampada. Allí fue donde quedó estampado el Diablo por la corretiza y los chicotazos que le puso aquel padrecito y desde entonces el Diablo no ha vuelto a estos lugares.

Don Ezequiel

PUNTEROS

121

Ubicación:	Punteros, municipio de Salinas, S.L.P.
Distancias:	120 km de la capital del estado.
	18 km al noroeste de la cabecera municipal.
Giro económico:	Agrícola, cría de ganado menor y salinero.

Descripción arquitectónica y condiciones hasta 2012

El casco de esta hacienda comprendía dos conjuntos principales: la casa grande y las trojes, además de las huertas y los corrales.

El conjunto de la casa grande tiene aspecto de fortaleza, con un torreón de vigilancia (según cuentan, hubo dos). En su interior integraba la casa principal, habitaciones para los empleados domésticos, un huerto familiar, una cabelleriza y dos trojes. Por su estilo, de los años 30 del siglo pasado, se puede inferir una reconstrucción integral que vino a reemplazar la casa grande original, sin que se sepa cómo era antiguamente. La casa grande luce ahora abandonada, cuando hasta hace pocos años estaba habilitada, para uso vacacional de sus dueños. El abandono reciente ha traído como consecuencia el vandalismo. Hay vidrios rotos, puertas y herrería que pronto habrán de desaparecer. También hay pintas con aerosol. El patio central aún tiene sus plantas de ornato y buganvilias, sin que alguien las cuide. La torre de vigilancia se ve sólida, pero su escalera de caracol está en vías de desmoronarse. A un lado se encuentran las caballerizas, bien conservadas, y siguen utilizándose como tal. Las trojes están abandonadas. La iglesia, en la esquina norte, se conserva en buenas condiciones y es parte de la comunidad.

Las trojes del conjunto sur son ahora comercios o han sido adaptadas como casa-habitación. Un poco retirada se localiza la huerta, cuya barda y pórtico se mantienen en buenas condiciones; no así el área de cultivos, que también luce abandonada.

Reseña histórica

1690: De este año son las crónicas más antiguas que apuntan como dueño de estas tierras a Antonio Escandón.

Siglo XVIII: A finales de este siglo existían dos asentamientos humanos contiguos: Picacho de Punteros y Señor San José de Punteros. El primero quedó despoblado, mientras que el segundo se convirtió en hacienda propiedad de la familia Rincón Gallardo, cuyo marquesado de Guadalupe abarcaba grandes territorios en lo que ahora es el estado de Aguascalientes, así como el noreste de Jalisco y sureste de Zacatecas. La hacienda principal del mayorazgo era la de Ciénega de Mata, ubicada al suroeste de la ciudad de Aguascalientes.

1801: Ignacio Rincón Gallardo está registrado como dueño de Punteros.

1811: Durante la guerra de Independencia hubo muchas batallas de defensa en las haciendas y pueblos de la región. Algunas crónicas consignan que, a finales de enero, Miguel Hidalgo se refugió en Punteros tras enterarse de que Félix María Calleja venía siguiéndolo desde El Carro. Esto es incorrecto, pues se sabe que Hidalgo y compañía siguieron su camino hacia Matehuala. Otras crónicas explican que fue el cura de Salinas quien fue a esconderse a Punteros por temor a Calleja.

1853: El dueño es Antonio Berumen Sánchez, originario de Zacatecas.

1899: La hacienda está registrada a nombre de una familia de apellido Escandón.

192-: La hacienda pierde tierras con el reparto ejidal.

1933: Juan Manuel Córdova compra a los Escandón lo que queda de la hacienda. Le da un giro vinatero y producen vinos espumosos al método de la champaña.

1986: Rafael Díaz Santana es el último propietario registrado. A finales de esa década se vio obligado a abandonarla por problemas con los ejidatarios.

1. Se sabe que en las faldas del cerro de Punteros hubo dos poblaciones incipientes en el siglo XVIII, las cuales tenían muchos problemas con los huachichiles, quienes asolaban la región. Al parecer, Picacho de Punteros quedó abandonado tras un incendio provocado por los indómitos nativos; la gente se refugió en San José de Punteros porque allá sí había defensa.

2. Cuentan que el 3er marqués de Jaral de Berrio, Juan Nepomuceno de Moncada y Berrio, adquirió esta hacienda después de la consumación de la Independencia. Dicen que venía ocasionalmente, pero que uno de sus hijos, Mariano S. Moncada, hacía visitas más frecuentes, toda vez que su casa principal se encontraba en la vecina hacienda de El Carro. No existen documentos que sustenten esta anécdota como tampoco que Punteros haya sido parte del mayorazgo de Medina Torres, pero de ser correcto, la compra debió haber sido en 1822 cuando el marqués de Jaral adquirió en remate algunas haciendas que vendió Francisco de Paula de Medina y Torres.

3. Durante la Revolución llegó un grupo de carrancistas con el objetivo de asaltar la hacienda, pero como estaba fortificada no pudieron entrar a la casa principal. Sin embargo, quemaron una troje y se llevaron el ganado que pudieron.

4. En la época de Córdova, entre 1940 y 1945 en Punteros producían champaña con uvas traídas originalmente de Perú y se cultivaban en cinco hectáreas de la hacienda. Aunque eran vinos de buena calidad, tenían defectos en su tonalidad o en el grado de la espuma, a pesar de que trajeron a un experto italiano exprofeso. Se dice que uno de los últimos intentos de comercialización resultó ser desastroso, pues las botellas estallaron en las cajas cuando estaban siendo transportadas por el camino que antes era de terracería.

5. Luis Paredes Martínez recuerda lo siguiente: "Don Juan Manuel Córdova era el dueño de Punteros cuando estaba en su época de esplendor. Él la vendió a don Rafael Díaz Santana, un hombre de Charcas, que tuvo problemas con algunos ejidatarios. Me acuerdo que decía: 'La peor inversión que hice en mi vida fue la de comprar una construcción que no sirve para nada; la compré por

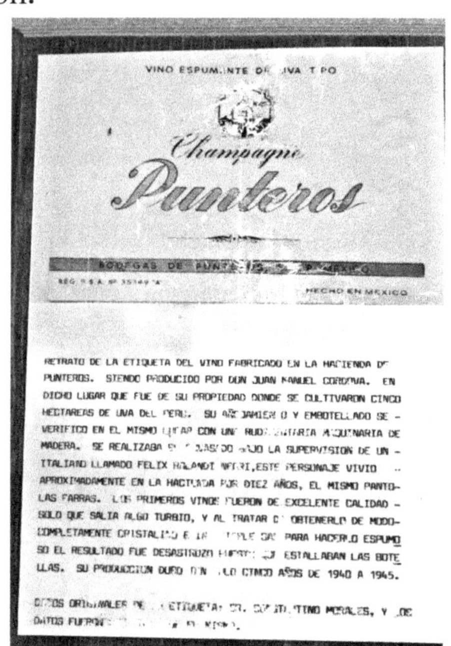

RETRATO DE LA ETIQUETA DEL VINO FABRICADO EN LA HACIENDA DE PUNTEROS. SIENDO PRODUCIDO POR DON JUAN MANUEL CORDOVA. EN DICHO LUGAR QUE FUE DE SU PROPIEDAD DONDE SE CULTIVARON CINCO HECTAREAS DE UVA DEL PERU. SU AÑEJAMIENTO Y EMBOTELLADO SE VERIFICO EN EL MISMO LUGAR CON UNA RUDIMENTARIA MAQUINARIA DE MADERA. SE REALIZABA ESTE PASADO BAJO LA SUPERVISION DE UN ITALIANO LLAMADO FELIX ROLANDI NEGRI, ESTE PERSONAJE VIVIO APROXIMADAMENTE EN LA HACIENDA POR DIEZ AÑOS, EL MISMO PLANTO LAS PARRAS. LOS PRIMEROS VINOS FUERON DE EXCELENTE CALIDAD SOLO QUE SALIA ALGO TURBIO, Y AL TRATAR DE OBTENERLO DE MODO COMPLETAMENTE CRISTALINO E INTENTAR DARLE PARA HACERLO ESPUMOSO EL RESULTADO FUE DESASTROZO, HASTA QUE ESTALLABAN LAS BOTELLAS. SU PRODUCCION DURO TAN SOLO CINCO AÑOS DE 1940 A 1945.

DATOS ORIGINALES DE LA ETIQUETA: SR. CONSTANTINO MORALES, Y LOS DATOS FUERON DEL MISMO.

un capricho de mi esposa porque le gustó muchísimo cuando fuimos a conocerla, y como estaba en venta, pues la compramos'".

6. Se dice que Rafael Díaz Santana tuvo la intención de convertir la hacienda en un centro turístico que daría trabajo a varias personas de la localidad. Debido a muchos problemas ejidales, se vio obligado a abandonarla.

Leyenda

La indiada y la hacienda de Punteros

¿Conoce Punteros? Bueno, entonces ya vio la torre de la hacienda, ¿verdad? Ha de saber que antes había dos torres donde siempre estaba parado un vigilante en cada una para avisar si venían los atacantes. Pero una torre ya no existe porque la hacienda la quemaron varias veces los indios. Dicen que en esas torres hubo muchas matazones y que antes se oían lamentos de ánimas, cosas así.

Sabemos que donde está Punteros fue tierra de mucha indiada. Unos indios [¿huachichiles?] venían del oriente y eran muy bravos; cuentan que andaban vestidos como con pieles de tigre, por eso eran muy bravos porque el tigre es un animal muy malo. Eso sí, eran buenos para la flecha; tenían ellos muy buen tino y tiraban cuatro flechas al mismo tiempo y siempre pegaban en el blanco. Eran muy buenos para la puntería porque nunca fallaban; por eso los españoles ni con sus fusiles de pólvora podían acabar con esos indios. Algo sabían de magia o de brujería esos indios porque, así como llegaban, cuentan que así igual se desaparecían; más o menos como los tigres, que son animales con el don de desaparecer.

Ah, pero eso no era nada, también llegaban otros de acá del lado de Zacatecas [¿caxcanes o zacatecos?] que eran igual de bravos. Esos parece que siempre andaban vestidos con pieles de coyote y aullaban como coyotes cuando andaban en guerra. No sé bien, pero los coyotes eran como sus naguales; ¿sabe usted de eso? También esos eran buenos para la flecha, pero también usaban ellos el hacha y la honda.

[...] Sí, ya le digo, la hacienda de Punteros la quemaron. Fue abandonada varias veces por culpa de los indios. Como ellos eran muy rejegos y les tenían mucho odio a los gachupines, cada vez que podían venían y quemaban la hacienda. Mataban a cualquier gachupín y luego ellos se volvían allá al monte a sus lugares donde vivían, o se desaparecían como si fueran ánimas; quién sabe. De tiempo regresaban los españoles para volver a fundar y los mismos indios venían y la quemaban otra vez. La hacienda nunca podía levantar porque los indios no lo permitían. Hasta que ya los apaciguaron entonces dejaron de ir a Punteros y luego la hacienda empezó a prosperar.

Roberto Guzmán 

SAN AGUSTÍN DE LOS AMOLES

Ubicación: Los Amoles, municipio de Guadalcázar, S.L.P.
Distancias: 130 km de la capital del estado.
                        65 km al norte de la cabecera municipal.
Giro económico: Agrícola y ganadero; ixtlero.

Descripción arquitectónica y condiciones hasta 2012

No obstante haber sido una hacienda muy extensa en territorio, el casco presenta varios conjuntos dispersos entre sí, rompiendo de este modo con la tipología convencional de las haciendas de campo.

Por un lado, hacia el norte, se encuentra lo que debió haber sido la casa grande original, o acaso era un claustro. Su envergadura, de un solo cuerpo, es plana y horizontal, con guardacantones. Lo único que rompe la armonía es el templo, que presenta una espadaña baja y austera, añadida a principios del siglo XX. A un lado, en la esquina oriente, hay una habitación abandonada, sin aplanado, que muestra el material constructivo (piedra y sillar, básicamente) y el vano de una puerta rectangular con arco escarzano de ladrillo. Lo interesante es que dicha puerta fue colocada sobre un arco de medio punto más antiguo. Una puerta similar, en mejores condiciones, es la de acceso al templo dedicado a la Virgen de Guadalupe.

Hacia el oriente hay construcciones diversas que antiguamente fueron graneros o casa-habitación para los trabajadores. Hoy en día han sido adaptadas para uso habitacional y comercios, o bien, los materiales fueron reciclados para construir casas más nuevas.

Por el lado sur estaban los corrales y las caballerizas, así como un estanque. En esa parte se encontraba también la tallandería. Se dice que desde el estanque bajaba un acueducto de piedra, hoy desaparecido.

Hacia el poniente hay trojes de piedra que están cayéndose por el abandono. En ese sector estaba la oficina, la tienda de raya y la casa del administrador. Se dice que los últimos propietarios tuvieron su casa grande aquí. Este conjunto ha sido adaptado para la escuela primaria de la comunidad, añadiéndosele un par de construcciones de concreto.

Nota: No quedan elementos visibles del siglo XVIII que sugieran la existencia de alguna misión o monasterio jesuita.

Reseña histórica

1674: Juan Pérez-Caballero Medina-Corona consigna en su testamento ser dueño de la hacienda de Bocas y de la de Santa Ana, de otra hacienda y cinco agostaderos de la Huasteca en San Luis Potosí.

1675-: Fallece Juan Pérez-Caballero Medina-Corona en Querétaro y hereda a su hijo el presbítero Juan Caballero y Osio (1643-1707) la hacienda de San Agustín de los Amoles y los agostaderos que bien pudieron haberse convertido en la hacienda de San Ignacio del Buey.

1717: El coronel José de la Puente y Peña Castrejón y Salzines (1663-1739), marqués de Villa Puente y su prima Gertrudis de la Peña, marquesa de las Torres de Rada destinan para sustento de la Compañía de Jesús sus tierras de San Agustín de Amoles, en las cercanías del Valle del Maíz.

1742: Los jesuitas crearon el Fondo Piadoso de las Californias y obtenían recursos con la administración de cuatro grandes haciendas, Arroyozarco (en el Estado de México), San Pedro de Ibarra (en San Miguel el Grande, hoy San Miguel de Allende, Gto.), San Francisco Xavier de la Baya (en Tamaulipas) y San Agustín de los Amoles (en Guadalcázar, S.L.P.), además de numerosos ranchos, estancias y otras haciendas menores. En las cuatro haciendas principales se enfocaron principalmente en la

cría de ovejas para matanza y para explotar la lana en la industria textil.

1743: En agosto, la Compañía de Jesús, a través del procurador de las Misiones de Californias el padre Juan Francisco Tompes, compra al capitán Fernando Sánchez de Zamora sus tierras que incluían la hacienda de San Agustín de los Amoles.

1767: Los jesuitas son expulsados de la Nueva España. Se estima que todos sus bienes pasaron a ser propiedad de la Corona, bajo administración religiosa por dominicos o franciscanos, mientras que la administración económica corrió por cuenta de la Real Hacienda. El usufructo de San Agustín de los Amoles y haciendas anexas dotó al Fondo Piadoso de las Misiones de California hasta inicios del siglo XIX. Por ejemplo, existen documentos de 1767 hasta 1803 sobre las diligencias (auditorías) que eran practicadas para averiguar el uso de los recursos de San Agustín de los Amoles y otras haciendas.

1782: Informa Sales Carrillo, administrador del Fondo Piadoso, que San Agustín de los Amoles tiene una extensión de 151,378 has. Si a eso se le añaden los territorios de San Ignacio del Buey (en Tamaulipas) con alrededor de 600 mil hectáreas, podemos concluir que San Agustín de los Amoles tenía más de 751,000 has.

1833: En julio, se subastan varias haciendas del Fondo Piadoso de Californias, quedando en manos de diversos arrendatarios.

1838: Ramón Vértiz arrenda la hacienda bajo contrato de siete años, lapso que no fue respetado por el gobierno de Antonio López de Santa Anna.

1841: Felipe Neri del Barrio, Cayetano Rubio, su yerno José Ma. Errazú y otros colegas que estaban involucrados en las industrias azucarera y textil, muy prósperas en la región Huasteca, fundan la Compañía Arrendataria del Estanco del Tabaco.

» » En diciembre, José Domingo Rascón Cuéllar-Girón, de origen salvadoreño, es nombrado apoderado de la empresa del tabaco. Desde 1839 él comerciaba tabaco en tierras mexicanas. Años más tarde, junto con sus tres hijos y otros socios crearon la Compañía Agrícola.

1842: El 8 de febrero, son incorporadas las haciendas de San Agustín de los Amoles y la de El Buey al Erario Nacional por falta de compradores.

» » En noviembre, el Erario Nacional vende Los Amoles y anexas a la Compañía Arrendataria del Estanco del Tabaco con la aprobación del gobierno de Santa Anna.

1843: Se disuelve la Compañía Arrendataria del Estanco del Tabaco por deudas y falta de fondos. Las haciendas y bienes fueron traspasadas al administrador y fiador José Domingo Rascón. Hubo un litigio de por medio y fue hasta 1844 cuando pudo tomar posesión de los bienes adquiridos.

» » En ese tiempo, bajo la administración de José María Barragán, originario de Ciudad del

Maíz, Rascón dividió San Agustín de los Amoles para crear la hacienda de Buenavista (el sureste del municipio de Guadalcázar) que antes había sido una estancia anexa.

1849: Se registra una disputa entre las haciendas de San Agustín de los Amoles y la de Albarcones (en Doctor Arroyo, N.L.) por territorios que posteriormente quedaron para Mier y Noriega cuando se fundó este municipio neoleonés.

187-: Juan Manuel Rascón Altamirano (1826-1892) y su hermano José Martín heredan, en vida de su padre, San Agustín de los Amoles, San Ignacio del Buey y otras haciendas. En ese tiempo se incrementó el latifundio tras adquirir la vecina hacienda Presa de Guadalupe y La Ventana que habían pertenecido a Carlos Tovar, así como Cerro Gordo y La Viga, haciendas en el municipio de Tula, Tamaulipas. (Dicho sea de paso, Carlos Tovar fue gobernador interino del Estado, en 1868, en sustitución de Juan Bustamante que era dueño de la hacienda de El Salado, tratada en esta obra).

1892: Fallece Juan Manuel Rascón Altamirano. Su hermano José Martín hereda todos los bienes. Éste fue inversionista agrícola y accionista del Banco de San Luis.

1893: Fallece José Martín Rascón Altamirano, heredando todos sus bienes su esposa Cora Townsend y ella, al morir en 1899, heredó sus bienes a su hija Cora Alice Monro, aunque ya no era propietaria de la hacienda.

1894: Federico J. Mead adquiere la hacienda de San Agustín de los Amoles y otras propiedades de Cora Townsend viuda de Rascón.

Siglo XX: Por la historia oral se sabe que, a inicios del siglo, Pedro Gutiérrez era el dueño de San Agustín de los Amoles.

1912: Vicente y Leocadio Gutiérrez heredan la hacienda de su padre.

Nota: Al igual que todas las haciendas, ésta resultó muy afectada en la época de la Revolución. Aún más: durante la rebelión cedillista los ataques y saqueos fueron peores. Posteriormente, con la Reforma Agraria San Agustín de los Amoles perdió casi todo su territorio y el viejo casco pasó a ser parte de la comunidad de Los Amoles.

Historias, anécdotas, testimonios e historia oral

1. Antes había mucho cultivo de maíz y frijol, pero desde que llegó una sequía la gente aprendió a tallar la lechuguilla. En ese tiempo pagaban muy bien el kilo de ixtle y como al principio los hacendados dejaban a la gente tallar para que se ayudara, pues a ésta le iba bien. Después empezó el auge del ixtle en todo el Altiplano y fue cuando los hacendados prefirieron acaparar la lechuguilla que había en sus tierras; desde entonces a los talladores les pagaban por salario; ya no había tanta ganancia para ellos.

2. Sin especificar si los Rascón o los Gutiérrez, se dice que los hacendados de Los Amoles eran buenas personas. El salario estaba basado en las jornadas de trabajo o en los kilos de ixtle, según el empleo. En otras haciendas eran malos de a de veras, no se tentaban el corazón y exigían a los trabajadores un determinado número de kilos de ixtle diarios. Si alguien no completaba la cuota de kilos, entonces se le descontaban los kilos faltantes.

3. Durante la Revolución de 1919 llegaron los carrancistas varias veces y luego, en la del 34, los cedillistas andaban asolando las haciendas del norte del

Altiplano y cuando llegaron a Los Amoles quemaron las trojes y colgaron a muchos hombres.

4. La gente de Los Amoles se unió a las fuerzas de Pancho Villa; se hizo villista para hacerle frente a los carrancistas. Dicen que éstos, aparte de ladrones, les cortaban las orejas a los niños y a las mujeres, mientras que a los hombres los mataban.

5. Don Darío Torres recuerda lo siguiente: "Estábamos niños y cuando andábamos campeando las chivas y los ganados de repente encontrábamos esqueletos humanos en el monte. Primero sí nos asustábamos y veníamos a avisarle a la gente mayor y ellos a la policía para que fueran a recoger y luego enterrar esos esqueletos. Es que mucha gente murió aquí en estas tierras cuando las revoluciones. A muchos otros sí les dieron cristiana sepultura. Yo estaba muy chiquillo cuando pasaron los carrancistas y a varios hombres de aquí los colgaron en los mezquites. Yo vi a mi papá colgado de un mezquite.

6. Cuando los problemas de la Revolución parecían incontrolables, los Gutiérrez abandonaron la finca. Se cree que primero se fueron a Cerritos y luego para San Luis. Pedro Gutiérrez ya no regresó, pero sus hijos Vicente y Leocadio sí volvieron con la intención de levantar la hacienda, pero les tocó el reparto ejidal y el día que se despidieron de sus trabajadores fue para siempre. Se dice que no regresaron por tristeza de haber perdido todo. Parece que el gobierno les dejaba la casa grande, pero ellos ya no quisieron aceptarla.

Leyendas

Una mujer de blanco en el acueducto

Hubo un *pelao* que anduvo allá por mi tierra, Los Amoles, que se llamaba Tacho Cortez y anduvo busque y busque tesoros y él fue el que destruyó casi todo. Hizo pozos en las trojes, en las casas y hasta en un lado de la iglesia y también agujeró paredes y muchos destrozos. No sé si era pariente de alguien o qué, pero ahí se quedó bastantes días. En aquel tiempo la gente no se metía y lo dejaron hacer hasta que encontrara el tesoro o se hartara. Lo dejaron hacer porque supuestamente iba repartir lo que se encontrara y eso iba ayudar a la comunidad, ¿no? Tacho andaba solo y platicaba con nosotros; no le pagaba a nadie para que le ayudara a escarbar y nadie se ofrecía tampoco.

Me acuerdo que una noche estábamos varios amigos ahí platicando junto a una lumbrita que hicimos y entre plática y plática salió *quesque* la mujer de blanco; una plática así de leyendas que, según esto, a mucha gente se le ha parecido o que la ha visto. La verdad yo digo que son puras imaginaciones. Tacho empezó a preguntar que dónde habían visto la semejanza de esa mujer, a esa mujer de blanco, y entre pláticas le dijimos que contaban que caminaba por los arcos de piedra y cosas así. No, *pa'* luego es tarde y al día siguiente Tacho empezó a buscar el tesoro en los arcos. Eran arcos muy viejos por donde bajaba el agua –esos los hicieron los primeros hacendados; parece que eran padrecitos– y ese Tacho pensaba que a lo mejor el tesoro estaba encajado entre las paredes. Para no hacerle larga la cosa, Tacho tumbó los arcos y no encontró nada. El día que se hartó se largó de Los Amoles y lo único que dejó fue puro tiradero.

[…] Bueno, de los arcos creo que ya no queda nada y sé que hay gente que todavía plática que han visto pasar a la mujer de blanco por donde antes estaban.

Francisco Domínguez

El ánima de un monje

Había una parte *haciendaria* que se llamaba La Pared, cerca de una tallandería allá con rumbo al Huizache; se llegaba por un camino de herradura. Platicaban antes –no sé si todavía– que ahí se aparecía un monje. Esa era una plática de más antes porque cuando yo estaba chamaco la decían las gentes mayores. Entonces en mis conclusiones digo yo que ha de haber sido un padrecito que se murió por ese rumbo y su ánima se quedó penando. Hay otras pláticas, de más acá, de ruidos y de chillidos y de espantos, que uno piensa que serán de las ánimas de tanta gente que murió en las revoluciones y no los alcanzaron a enterrar en camposanto.

Cuando todavía podía, anduve mucho por aquellos rumbos de La Pared. Había veces que me caía la noche y me quedaba a dormir por ahí. Yo nunca *vido* nada de espantos ni tampoco a ese monje; ni siquiera los perros se ponían así, digamos, nerviosos. Luego la gente me decía que no anduviera solo por allá porque se me iba parecer el monje y que me iba morir de susto. Mire, ya tengo cien años y no me he *morido*…

Darío Torres

SAN JUAN DE VANEGAS

131

Nombre original: San Juan de Banegas.
Ubicación: San Juan de Vanegas, municipio de Vanegas, S.L.P.
Distancias: 190 km de la capital del estado.
    10 km al oriente de la cabecera municipal.
Giro económico: Agrícola, ganadero y minero.

Descripción arquitectónica y condiciones actuales

No hay mucho que explicar: está en completa ruina. Sólo quedan algunos cimientos y bardas del casco, así como piedras sobre piedras. Resulta imposible saber cómo fue en su época de esplendor; no hay ni un rasgo que ayude a definirlo ni tampoco dibujos, bocetos o imágenes.

Por los cimientos de las diversas áreas podemos deducir que fue un casco muy grande con dos o más conjuntos. Hacia el norte parece que estuvo la planta donde se beneficiaba el metal.

Lo único que sigue en pie es la capilla, dedicada a la Virgen del Pilar, pero fue levantada en 1953, quizás en el mismo sitio donde estuvo la iglesia original. Por el contrario, en Vanegas de Abajo (una estancia de esta hacienda, a pocos kilómetros al poniente) se conservan las trojes.

Nota: De todas las haciendas visitadas en el Altiplano, sólo tres cascos han desaparecido por completo, este de San Juan de Vanegas; el de San Juan de Salinillas, en el municipio de Charcas, S.L.P., y el de La Viga, en el municipio de Tula, Tamps. El caso de La Viga, sin estar documentado, gracias a la historia oral sabemos que los lugareños aprovecharon los materiales del casco, cuando ya estaba abandonado, para construir sus propias casas. El de San Juan de Salinillas es un misterio que cae en el campo de la leyenda, pues incluso fue parte de la cabecera municipal de Villa Concordia, municipio hoy también desaparecido. Por su parte, el caso de San Juan de Vanegas es muy singular, toda vez que la destrucción ha sido obra casi sistemática de los buscatesoros, quienes siguen escarbando en busca de algo, si acaso todavía queda algo. Lo irónico es que el tan ansiado tesoro era la casa grande misma, por su valor histórico, pero no hubo autoridad que pusiera interés en esto.

Sin embargo, y como mera especulación personal, me atrevo a pensar que la destrucción completa de este casco de hacienda se debe a una deuda histórica, puesto que uno de sus dueños indirectos fue Félix María Calleja del Rey, el penúltimo virrey (1813-1816) de la Nueva España, quien se convirtió en el más encarnizado perseguidor de los precursores de la Independencia, Miguel Hidalgo y Costilla y José María Morelos y Pavón. La memoria histórica puede ser corta, pero no el inconsciente colectivo.

Reseña histórica

Siglo XVII: Los orígenes de la hacienda de San Juan de Banegas (así escrito hasta 1827) se remontan a este siglo, sin que se sepa quién haya sido el dueño de las tierras o el fundador de la hacienda.

1707: Diego de Medellín es el dueño de estos territorios, según algunas versiones. Otras afirman que era arrendatario.

Siglo XVIII: El propietario es Fernando García de Roxas; no se sabe si por herencia o por compra-venta. Él nació en Pinos, Zac. en 1674, hijo del capitán Juan García de Roxas y Agustina Martínez de Sotomayor. Es posible que su padre haya recibido estas tierras como merced.

172-: María Micaela Xaviera García de Rojas hereda la hacienda y los bienes de su padre. En 1721 ella se casó con Gerónimo Antonio Puebla. Tuvieron tres hijas, siendo la primogénita María Antonia Rosalía Puebla Rubín de Celis, quien se casó con Antonio Gándara y tuvieron un hijo: Manuel Gerónimo de la Gándara, quien heredó la hacienda.

1786: El 29 de enero, nace María Francisca de la Gándara en la hacienda de San Juan de Vanegas. Al poco tiempo murieron sus padres y quedó bajo la tutela de su tío Manuel de la Gándara. Ella creció en San Luis Potosí y vivió en la llamada Casa de la Virreina, enfrente de la plaza de armas. Falleció en Valencia, España en 1855.

1788: Manuel Gerónimo de la Gándara sostiene un "curioso" litigio relativo al uso de la hacienda con su socio José García de Velasco cuando el administrador era el Lic. Silvestre López Portillo, el fundador del mineral de Catorce. (Las fuentes no citan la índole de ese "curioso" litigio.)

1789: Francisco Miguel Aguirre Martín aparece como administrador de esta hacienda. A él lo asociamos como co-propietario de las haciendas de El Salado y La Boca.

Nota: Algunas fuentes citan que a finales del siglo XVIII esta hacienda pertenecía al coronel realista Matías Martín y Aguirre (1767-1859), quien luchó en la guerra de Independencia, y a su tío Francisco Miguel, quien al parecer fue también su suegro, toda vez que Matías se casó con Isabel Aguirre Océs, la hija menor de Francisco Miguel.

1800: Por estos años se acuñan monedas en la hacienda de San Juan de Vanegas. Es sabido que en algunas haciendas mexicanas y del Altiplano se acuñaron monedas o tlacos con características numismáticas comunes al uso convencional en los últimos años del virreinato. La pieza más antigua encontrada en las haciendas del Altiplano es la de Banegas. Se trata de una pieza de cobre, muy simple, sin mayor técnica en su sello ni fecha. Se cree que sea de finales del siglo XVIII o principios del siglo XIX porque el nombre de Banegas aparece con B (a partir de 1827, Vanegas se escribe con V.) Aún más, en la misma hacienda, donde se beneficiaba la plata extraída de las minas de Catorce, se fabricaron monedas conmemorativas de oro, plata y cobre por orden de Jorge Parrodi.

1807: El 26 de enero, María Francisca de la Gándara se casa con Félix María Calleja del Rey en el templo de San Sebastián de San Luis Potosí. Él fue virrey de la Nueva España entre 1813 y 1816, lo cual hizo de Francisca de la Gándara de Calleja se convirtiera en virreina.

Nota: Muchas fuentes, que tal vez han influido la creencia popular potosina, apuntan que ella fue la única virreina mexicana. Eso es incorrecto, pues fue la segunda con ese rango nacida en México dado que la primera fue María Gertrudis de Castro y Gutiérrez del Cueto, nacida en Guadalajara y casada con Pedro Malo de Villavicencio, virrey interino entre 1741 y 1742.

1810: En noviembre o diciembre, se acuñan monedas con el año de 1811, pues José Mariano Jiménez se las llevó a Saltillo. Su grupo insurgente fabricaba monedas con las palabras Fernando VII, en alusión al rey de España.

1856: Santos Sainz de la Maza adquiere la hacienda a Alejandro Aguirre. No se tienen más datos de este personaje, pero seguramente fue descendiente o estaba emparentado con Matías Martín y Aguirre. En cuanto a Santos de la Maza, de él ya hemos hablado como dueño de otras haciendas en la región, como la de Carbonera y también minero y comerciante en Real de Catorce.

1873: Fallece Santos de la Maza en Utrera, España, país del que era originario. Heredó todos sus bienes en México a su hijo Gregorio Sainz de la Maza y Gómez de la Puente, nacido en Real de Catorce, en 1850.

1880:   Fallece Gregorio de la Maza en San Luis Potosí. Heredó esta hacienda a su tío Francisco Sainz de la Maza.

188-:   Empieza a tenderse la vía férrea que pasará por territorios de la hacienda de San Juan de Vanegas. Se proyecta lo que será la Estación Vanegas como centro ferroviario.

1891:   El 26 de septiembre, se dicta el decreto para afectar tierras de la hacienda de San Juan de Vanegas con el propósito de tender el ramal ferroviario a La Paz y Matehuala.

1922:   El 9 de noviembre, la Estación Vanegas fue erigida en villa y cabecera del municipio formado en la misma fecha, mediante el decreto número 88. La hacienda de San Juan de Vanegas y sus estancias y ranchos anexos quedaron adentro del municipio.

193-:   Leopoldo Sainz de la Maza (1890-1954) vende a Ramón Ruenes Villa las últimas 20 mil has que quedaban sin afectación de la ex hacienda de San Juan de Vanegas.

1944:   El 29 de noviembre, a Ramón Ruenes Villa le son expropiadas 500 has para ampliar el ejido El Tepetate y 880 has para ampliar el poblado La Pinta y La Trueba.

Con la Reforma Agraria, la hacienda de San Juan de Vanegas perdió casi todos sus territorios de las casi 172,000 has que tuvo en su mayor extensión. Para entonces, el poblado que había crecido alrededor del casco de la hacienda había dejado de ser importante, toda vez que Estación Vanegas crecía cada vez más gracias a la línea ferroviaria y a las oportunidades de trabajo. Se desconoce si en la actualidad haya alguien que tenga los títulos de propiedad de los terrenos donde estuvo el casco de esta hacienda.

Historias, anécdotas, testimonios e historia oral

1. Tomás Ferrándiz Calvet comenta: "De las monedas de haciendas conozco tres que se acuñaron en la hacienda de San Juan de Vanegas: Banegas, Plaza y 'Fierro de la hacienda de San Tiburcio'. Hay otras dos, una de bronce acuñada en Real de Catorce, pero resellada en Vanegas con fierro de San Tiburcio y otra 'ochavada de Vanegas'".

2. En la hacienda pagaban con monedas que allí fabricaban, eran tlacos sin mucho valor, pero sólo podían usarse en la tienda de raya de la hacienda. A los trabajadores les pagaban con esas monedas y compraban lo que podían exclusivamente en la tienda de raya.

3. Como dato singular podemos decir que Miguel Hidalgo, en su ruta hacia el norte con su diezmado ejército, evitó pasar cerca del casco de San Juan de Banegas o cruzar territorios de la hacienda en febrero de 1811, después de su estancia en Cedral y posterior visita en la hacienda El Salado (ahora en el municipio de Vanegas). Lo singular es que su más encarnizado perseguidor era nada menos que Félix María Calleja, quien estaba casado con María Francisca de la Gándara, cuya familia era propietaria de San Juan de Banegas. El ejército de Hidalgo pudo haber tomado esa ruta cuando llegó a Laguna Seca y de tal modo evitar Matehuala, pero no lo hizo así. Estuvo en Matehuala y luego en Cedral, donde siguió su trayectoria por el camino real que pasaba por Presa Verde (anexo de la hacienda de San Pablo) y San Juan de la Cruz antes de llegar a El Salado.

4. Se dice que Santos de la Maza no compró esta hacienda, sino que se la ganó a Alejandro Aguirre en una apuesta. Ya siendo dueño, le cambió el nombre por Maza Agregados, y el último agregado fue en 1899, cuando adquirió terrenos en el municipio de Catorce para completar las 172,000 has que llegó a tener su latifundio. (Como aclaración: Santos Sainz de la Maza murió en 1873).

5. A Santos de la Maza le decían "el conde de la Maza", título que jamás ostentó. Se dice que llegó a tener 100 haciendas porque la de San Juan de Vanegas contaba con 99 estancias o ranchos, y si a éstos se le agregan Carbonera y Pastoriza, pues ya sumaban las supuestas 100 haciendas que le hubieran dado el título de conde. (Como aclaración: en ese tiempo ya no existían los títulos nobiliarios en México. Sin embargo, a su nieto Leopoldo Sainz de la Maza sí se le concedió el título de conde de la Maza, en España).

6. Don Francisco Lara Hernández cuenta la siguiente historia: "Esta hacienda fue *muncho* muy importante porque aquí nació una mujer que le decían *ansina* como 'la condesa' o 'la marquesa' o quien sabe cómo (la virreina). Ella fue hija de los gachupines y se casó con el mero virrey de aquella época. Dicen que la mera casa d'ellos estaba en el centro de San Luis, ahí *cerquitas* de la Presidencia enfrente de la plaza –yo no la conozco, *pa'* qué le voy a echar mentiras. Fue una mujer *muncho* muy importante y su familia d'ella aquí tenía la hacienda, pero vivían en el mero San Luis.

» Aquí han escarbado *muncho* y que yo sepa nadie ha sacado nada. Ahí adelantito –mire, venga *pa'* que lo vea– está lo que le llamaban "el escusado de los españoles". Decían que ahí había *munchos* centavos, pero nunca sacaron nada. Escarbaron y escarbaron y *nomás* habrán sacado puro abono, puros mojones viejos d'españoles ricos…

7. A nosotros nos platicaban de una vez que llegaron esos viejos locos, los guerrilleros, cuando se vino esa mentada Revolución del 29, no…, un poquito después, cuando la cristiada. Nos platicaban que los guerrilleros hacían bailar aquí a los hacendados y, ¡órale!, los hacían bailar a puros balazos. Luego nublaron de maíz todo ese solar *pa'* que se alimentaran los caballos. En aquel lado había una cochera, qu'era la cochera de los hacendados, y por ahí entraban los guayines, pero los revolucionarios se llevaron todo y cargaron con los guayines y la caballada y cruzaron por esa cochera que tenía salida hacia el norte.

8. Mi papacito me platicaba que los hacendados fueron muy malos. El capataz d'ellos ponía una espina de maguey en una garrocha y con eso los picaba a los trabajadores y les decía: "Ándale, ándale, sigue trabajando". La gente trabajaba sin pago y muy esclavizada. Aquí se morían de flacos y de debilidad porque trabajaban *muncho* y comían muy poco. Por esa razón d'esta hacienda ya no queda nada, porque había *muncho* odio.

» Mire, cosa curiosa, habiendo sido aquí la cuna de la mujer más importante de un tiempo en toda la república ya no queda nada. Ni tampoco hay quien se acuerde de qué nombre llevó en vida esa mujer importante".

9. La Sra. María González recuerda: "Mire, aquí estaba todo empedrado muy bonito, pero ya está muy aterrado. Según platicaban mi papá y mi abuelo, aquí hacían las danzas del día de la Santa Cruz. Eran unas danzas muy bonitas y aquí empezaban y luego iban todos caminando al Cerro de la [Santa] Cruz. Eran danzas que, según parece, las celebraban para las cosechas y la lluvia. Y siempre llegaban muy puntuales, después de la fecha de la Santa Cruz llegaban las lluvias y se empezaba a sembrar".

10. En Vanegas de Abajo, el señor Manuel Lara explica: "Bueno, sí, allá destruyeron todo,

vaya usted a saber por qué, pero acá allí siguen las trojes viejas bien macizas. Es que acá no dejamos que venga gente a querer escarbar porque buscan tesoros. No, eso no hubo aquí porque aquí estaban las trojes de los granos. Producía *muncho* esta hacienda. Los jornaleros *traiban* acá las cosechas, el *maiz*, limpiaban el grano, separaban el mejor, lo guardaban en las trojes y luego en carreta lo llevaban a la venta, antes hasta Saltillo o a San Luis, pero luego con el tren acá a la estación y de ahí lo mandaban para donde ya lo habían comprado. *Ansina* mero era. Pero aquí no había dinero, eso estaba en San Juan, allá estaba la tienda de raya y allá pagaban la raya a la gente y les pagaban con unas fichas que no servían en Cedral, *nomás* servían el la tienda de raya de la hacienda."

Leyenda

Huesos de gigantes

Cuando se cayó el campanario, estaba el techo así como está ahí la campana que usted ve; es la que se cayó, *nomás* quedó la campana qu'está de aquel lado. Antes eran techos de garrocha (tallo de la lechuguilla), y un día... ¡paz!, que se cae la campana. El suelo era de pura piedra y al caer la campana se sumió hasta abajo; con el vuelo que traía *abujeró* hasta abajo. Cuando escarbamos *pa'* sacar la campana y levantarla de vuelta, encontramos un túnel; había puros muertos ahí abajo. Pero, fíjese, no me va creer, estaban los huesos todavía ahí formados, eran siete, y estaban bien alineaditos. Estaban unos como hechos polvito, pero otros eran unos huesos grandes, *ansina* de grandes (como metro y medio). *No'mbre*, dijimos que qué huesos serían esos, huesos muy largos. Yo digo que a lo mejor eran huesos de gigantes; *no'mbre*, ¡unos huesones bárbaros! No eran huesos de gente como nosotros, no, no eran. No siquiera los gachupines de antes eran tan grandes, *¿vedá?*

En la Biblia está escrito que hubo unos diluvios muy fuertes que cubrieron toda la Tierra. Pero yo me imagino que los gigantes estaban tan grandes que no les daba miedo al principio, pero les dio miedo cuando se dieron cuenta de que ya los estaba cubriendo el agua. Lo curioso es qu'estos huesos, aunque *haigan* sido de gigantes, los enterraron en esta iglesia que no es tan vieja como lo que dice la Biblia.

Cuando levantamos esta iglesia en una troje vieja –eso fu'en 1953– *nomás* aplanamos el terreno, pero no nos dimos cuenta que tenía algo abajo. Fue hasta aquel día que se cayó la campana cuando apareció el túnel y ahí fue dond'encontramos esos huesones largos que le

digo. Avisamos a la parroquia que se había *caido* la campana y de Vanegas vino un sacerdote que mandamos llamar, y cuando los vio dijo: "¡Ah, *jijo*, estos huesos son de los gigantes!". Luego llevamos todos los huesos al panteón. Pero, como le digo, eran huesos largos y cuando los hallamos no estaban en ninguna caja, ni enrollados en petates ni en sus ataúdes, sino qu'estaban ahí alineaditos *nomás*. Los llevamos al panteón y allá el sacerdote les dio cristiana sepultura.

Francisco Lara Hernández 

SAN TIBURCIO

Ubicación: San Tiburcio, municipio de Mazapil, Zacatecas.
Distancias: 185 km al norte de la capital del estado.
                    65 km al sureste de la cabecera municipal.
Giro económico: Agrícola y ganadero; guayulero.

Nota: Esta hacienda tuvo dos cascos, uno de la época virreinal y otro de finales del siglo XIX. Fue un caso singular pero no único en el Altiplano, pues otro lo registramos en Pozo del Carmen, municipio de Armadillo, S.L.P.

Descripción arquitectónica y condiciones hasta 2012

Esta hacienda tuvo dos cascos. Por un lado, al sur de la población se encuentra el casco original con elementos de los siglos XVIII y XIX. Su estilo es característico de las haciendas de campo y presenta tres conjuntos: la casa grande, las trojes y los corrales.

El conjunto de la casa grande, con orientación hacia el este, era lineal, de una sola planta. Su fachada parece haber sido muy austera, aunque ha sufrido alteraciones. Las habitaciones eran contiguas, separadas por el corredor de la entrada principal. Al fondo había un jardín y algunas áreas de servicio con salida al norte. En este sector hay un cuarto con techo abovedado y un pequeño campanario. Algunas personas creen que allí era la capilla de los hacendados, mientras que otra versión afirma que ese fue un aljibe. La casa grande fue renovada y no quedan detalles ornamentales significativos, si acaso los tuvo, que pudieran insinuar riqueza. Esto se puede sustentar en el hecho de que, según se dice, ninguno de sus propietarios vivió aquí de tiempo completo.

A un lado de la casa principal estaban la casa del mayordomo y las habitaciones de los empleados de mayor confianza. Hay un cuarto más alto que servía de mirador para observar las actividades adentro de la casa grande. Dicho mirador está ubicado entre la casa principal y la del administrador.

Enseguida, hacia el sur, estaba la tienda de raya y la trastienda o almacén. Ahora ese sector se encuentra dividido con tapias modernas hechas de block de concreto. Al final de la envergadura de este conjunto estaba el acceso a las caballerizas, las cuales han sido readaptadas con el mismo fin.

El conjunto de las trojes es de piedra y un poco más alto que el de la casa grande. En su fachada hay cinco arcos que representan, de algún modo, los techos de media caña. Las trojes están muy bien conservadas y son de uso comunitario.

Aproximadamente a cien metros hacia el oriente estaban los corrales. Allí destaca un divisador con cinco arcos y puerta rectangular, con techo de cúpula (éste es uno de los dos encontrados en esta región; el otro se encuentra en Guadalupe el Carnicero, municipio de Catorce; S.L.P.). En este sector las tapias fueron adaptadas para construir casas-habitación.

Por otro lado, el casco de la etapa guayulera que fue construido a principios del siglo XX. Se encuentra al norte de la población, cruzando la carretera, y a ese sector se le conoce como "la fábrica". Tiene características de hacienda minera, que es diferente en la tipología y en lo espacial a las de las haciendas de campo, siendo aquí lo más notable que no hubo casa grande. Más bien parece un poblado que creció en las cercanías de una fábrica de la era industrial.

Este casco tenía un hotel (donde se hospedaban los dueños o invitados), hacia el norte; las casas de trabajadores, al sur; carpintería, herrería y otras áreas de servicio, hacia el oriente. Todos esos conjuntos están en buenas condiciones y se usan como casa-habitación o comercios. Cabe añadir que en este casco no hubo tienda de raya, aunque sí una oficina.

A pocos metros más al oriente estaba la fábrica, construida con cuartón y piedra. Los muros eran muy altos, con recios contrafuertes de piedra. Las puertas y ventanas tenían arcos, en algunos casos enmarcados con cantera labrada. Por ahí se ven algunos muros posteriores que fueron hechos con adobe. Todavía están las pilas donde lavaban las plantas de guayule antes de secarlas y meterlas al proceso de extracción. Todo este sector se encuentra en ruinas. Mucha gente aprovechó el material para levantar o acondicionar sus casas.

Reseña histórica

Siglo XVI: Hacia finales del siglo, San Tiburcio era una estancia ganadera de Mazapil, cuando el terrateniente de esta región era el capitán Alonso López de Lois. Aproximadamente en 1590, éste heredó sus tierras a su yerno el capitán Francisco de Urdiñola, quien a la postre gobernaría la Nueva Vizcaya y sería uno de los mayores latifundistas de la Nueva España.

Siglo XVII: Existen pocas referencias en torno a esta hacienda que continuó siendo parte del latifundio heredado por Francisco de Urdiñola, cuya descendencia consiguió el marquesado de San Miguel de Aguayo y Santa Olalla.

Siglo XVIII: A mediados de este siglo, el dueño era Juan Miró, avecindado en la ciudad de México. A San Tiburcio entonces se le consideraba como una propiedad poco relevante, a pesar de tener su propia capilla. Por esos años había un total de 37 habitantes distribuidos en siete viviendas; ninguno era español o criollo. Es de suponerse que el administrador era mestizo.

Siglo XIX: Zacarías Igueravide Zuloaga (1820-1895) adquiere la hacienda de San Tiburcio siendo ya dueño de la de Espíritu Santo. San Tiburcio tuvo su primer auge en esa época, cuando Zacarías Igueravide (también escrito Ygueravide o Iguerabide) empezó la cría de ganado fino.

1895: Fallece Zacarías Igueravide, heredando algunas propiedades a su yerno Francisco Fernando del Hoyo, quien en 1885 se había casado con María Igueravide Berrenechea, la hija mayor del tercer matrimonio de Zacarías.

1904: En octubre, la tropa del teniente coronel Julián Villegas aprehendió en San Tiburcio al general Trinidad García de la Cadena, un compadre de Porfirio Díaz que había sido diputado, senador, ministro y candidato independiente a la Presidencia de la República.

1906: Francisco del Hoyo se asocia con los Madero para explotar el guayule que crece silvestre en la hacienda de San Tiburcio.

1907: Gustavo Madero consigue el permiso para la explotación del guayule a gran escala.

» » Salvador Madero y Cía, junto con Francisco del Hoyo, firman un contrato con la Compañía Explotadora Coahuilense, S.A. para construir una fábrica en la hacienda de San Tiburcio. Uno de los objetivos de dicha compañía, con sede en Parras, Coahuila era el de competir con el monopolio de la Compañía Continental de Torreón, la *Mexican Rubber Company* que operaba en la hacienda de Cedros y otras.

» » El 2 de septiembre, se inaugura la fábrica guayulera de San Tiburcio que, desde el inicio, contó con toda la tecnología de punta para el procesamiento de extracción del caucho. En sus mejores años llegó a moler 27 toneladas diarias de guayule.

1910: Evaristo Madero inaugura la maquinaría alemana instalada en la fábrica de San Tiburcio para mejorar el proceso del guayule al caucho.

1914: María Igueravide de Hoyo está registrada como dueña de la fábrica de guayule.

1937: El 18 de febrero, la Reforma Agraria que ha afectado las haciendas de Majoma, El Picacho y Sierra Hermosa, expropia a San Tiburcio 12,800 has para beneficio de 91 vecinos. La propietaria era Guadalupe Pastor Domínguez, viuda de Francisco Federico Moncada (1847-1929). No se sabe en qué año los Hoyo Igueravide vendieron la hacienda a Moncada o a su viuda.

Historias, anécdotas, testimonios e historia oral de la hacienda y el casco virreinal

1. Se desconoce por qué a San Tiburcio le pusieron ese nombre, pero se cuenta que antiguamente había muchas "culebras" y "lagartos" (ambos fenómenos meteorológicos parecidos a las trombas) que azotaban en esta región y rajaban cerros, tumbaban paredes, destrozaban campos de labranza. Entonces los hacendados decidieron traer la imagen de San Tiburcio para que dejara de haber tantos desastres.

2. Se habla mucho de uno o varios túneles que comunican la casa grande con otras áreas del casco. Una versión cuenta que abajo del cerro el Papantón (cuyo significado es "cerro solo") había una guarida huachichil que los hacendados aprovecharon posteriormente para construir un túnel hasta la casa grande y así esconderse cuando llegaban las gavillas y luego los revolucionarios. Otra versión explica que el túnel corre de la casa grande hacia el centro la plaza y allí se divide hacia otras propiedades y que en algunos rincones secretos escondían los tesoros cuando llegaban los asaltantes. Otras versiones explican que había un túnel de la casa grande vieja a la oficina de la fábrica guayulera.

3. A los trabajadores de la hacienda les pagaban con maíz, con ropa, con calzado o con lo que necesitaran; nunca en efectivo. Les entregaban vales que sólo podían canjear en la tienda de raya.

4. Don Silvestre Blanco cuenta lo siguiente: "Josefa del Hoyo vino a decirles a sus trabajadores que les iba a dar todas las construcciones de la hacienda y también sus tierras porque no había pagado los impuestos y no tenía con qué pagarlos y prefería regalarlos para que los nuevos propietarios se hicieran cargo de las deudas. La gente de aquel tiempo no aceptó; nadie quiso las tierras ni regaladas porque había deudas por pagar".

5. La iglesia de San Tiburcio tenía barandilla y púlpito de la época de los hacendados. Hace como cuarenta años, los párrocos decidieron modernizarla y tumbaron los ornamentos originales. Nadie sabe a dónde fueron a parar los objetos antiguos.

6. Esta hacienda perteneció a la de Espíritu Santo. Hace aproximadamente 15 años llegó a San Tiburcio un descendiente de los dueños de Espíritu Santo, de apellido del Hoyo, que dijo esta hacienda era de él por herencia y que tenía los títulos de propiedad. Sólo vino esa vez y nunca regresó.

Historias, anécdotas, testimonios e historia oral del casco y fábrica guayulera:

1. Don Silvestre Blanco explica lo siguiente: "A mi padre, Agustín Blanco, lo fueron a traer de San Luis Potosí porque a don Javier Madero le habían dicho que era uno de los mejores herreros. Entonces contrataron a mi padre para que se hiciera cargo de todos los trabajos de herrería necesarios en la fábrica".

2. En el hotel se hospedaban Javier Madero y sus familiares. Él ordenó la construcción de ese hotel para ellos y para la gente pudiente que venía de visita o de negocios. Aquí no hubo casa grande; la casa era el hotel.

3. Los cortadores de guayule estaban obligados a entregar las plantas limpias, sin hojasén, gobernadora o escobilla. Llegaban las carretas cargadas de la planta y había un supervisor que revisaba los cargamentos. Cuando les daba el pase, entraban las plantas al proceso en la fábrica.

4. El guayule lo mandaban a los Estados Unidos para las llantas de los automóviles Ford. De la fábrica de San Tiburcio salían los carros de cuatro ruedas, jalados por bestias, que cargaban hasta cuatro toneladas de guayule procesado para transportarlo a la estación de tren de Vanegas.

5. Se dice que los Madero eran muy buenos patrones y cada sábado pagaban con moneditas de oro.

6. En San Tiburcio circulaba un tlaco (moneda de cobre rústica) acuñado en Real de Catorce, pero resellado en San Juan de Vanegas con el fierro de San Tiburcio.

7. La tienda de raya estaba en la hacienda de San Tiburcio. Los empleados de la fábrica guayulera podían comprar lo que necesitaran en cualquier parte; no estaban obligados a surtirse en la tienda del otro casco.

8. La Revolución no afectó mucho el trabajo en la fábrica guayulera. De hecho, hubo un auge que duró hasta 1917 cuando se descubrió la cáscara de un árbol que daba mejor rendimiento que el guayule. La fábrica se vino abajo, pero siguió produciendo y el fin definitivo se dio cuando empezaron a producirse fibras de petróleo.

9. Cuentan que la última vez que vino Javier Madero, ya era un hombre mayor y les dijo a sus trabajadores que ahí donde vivían ya era de ellos. Él había repartido sus tierras, a nombre de sus empleados, antes de la Reforma Agraria.

10. En San Tiburcio jamás hubo tallandería, pero cuando se acabó la fábrica guayulera la gente empezó a tallar ixtle o fibra de palma para obtener ingresos. La fibra era enviada a Saltillo y allá la empacaban en bolsas de celofán para exportarla a los Estados Unidos.

Leyenda

El cerro del Papantón

Acá del lado de Zacatecas está el pueblito de San Tiburcio donde hubo una hacienda muy rica. Una de mis abuelas era de allá. El lugar está así como en un valle plano, plano, y hay un cerrito que le dicen que Papatón. Mi abuela contaba que ahí asistían los indios de más antes (huachichiles) que no eran como los huicholes de ahora que van a [Real de] Catorce porque se han encontrado muchos chucitos y hasta metates que hacían ellos. Pero también platicaba que vivían en cuevas que ellos hicieron adentro del cerro. Ahí vivían muy a gusto hasta que llegaron los gachupines y les quitaron sus tierras, los quisieron esclavizar para que trabajaran en la hacienda, pero como no se dejaron, entonces los mataron o se fueron a otro lado. Según esto, de repente todavía ven así como bolitas de fuego abajo del cerro y parece que dicen que son las ánimas de los indios que ahí quedaron muertos.

Ah, y también contaba mi abuela que parece que los hacendados hicieron un túnel desde la hacienda hasta el Papantón, pero que está cerrado porque las ánimas de los indios no dejan que nadie se meta. Bueno, son pláticas de la gente de antes; uno como que no cree en esas cosas, ¿verdad?

Y bueno, arriba del cerro está una capillita de la Santa Cruz, pero ésa la levantaron los hacendados porque como es el único cerro en todo ese rumbo –ya ve que todo está plano–, los hacendados querían poner una santa cruz en alto para cuidarse de las brujas, que eran cosas de los indios. Y bueno, parece que antes la capillita era diferente, pero luego la arreglaron.

Yo nunca he ido, pero sé que el 3 de mayo hacen una fiesta en el Papantón, o sea que organizan las danzas de la Santa Cruz. Mi abuela contaba que la tradición de subir al cerro y bailar venía de muy atrás, cuando los indios hacían los rituales para sus dioses o sus creencias. Y no sé si sea cierto, pero según esto, en aquellos tiempos el cerro estaba pedregoso y picudo y parece que de tanto que bailaban los indios terminaron aplanándolo.

Rosendo Lara

SANTIAGO

Ubicación: Santiago, municipio de Pinos, Zacatecas.
Distancias: 175 km al oriente de la capital del estado.
                     46 km al noreste de la cabecera municipal.
Giro económico: Agrícola, ganadero y mezcalero.

Descripción arquitectónica y condiciones hasta 2010

Ésta fue otra hacienda con casco amurallado, semejante al de la vecina hacienda de Espíritu Santo, cuyas historias paralelas tuvieron orígenes distintos, aunque en cierto momento se entrelazaron. Aquí en Santiago aún se ven los fortines o torretas de vigilancia junto a los dos accesos, donde había enormes portones que eran cerrados al caer la noche. El casco tiene tres conjuntos, dos de ellos al interior fortificado: la casa grande y la fábrica de mezcal, separados por una plazoleta con la iglesia al centro. El tercer conjunto, a extramuros, incluía el mesón.

El conjunto principal presenta la casa grande con fachada de piedra (posiblemente tuvo aplanados antes de lo que parece una remodelación), tiene un portón rectangular y tres ventanales con herrería. En su interior estaban todas las habitaciones alrededor de un jardín central con arquería de medio punto. Existe una escalinata a un segundo piso, posiblemente de hechura reciente. En esa parte superior hay una sola habitación y una larga sala o corredor. Por allí se accede a los techos de toda la propiedad. En la parte trasera de la casa estaban las áreas de servicio, incluyendo los cuartos de los empleados domésticos. En ese punto quedan restos de un patio pequeño, rodeado por arquería. Hasta hace pocos años todo este sector de la casa grande se encontraba en excelentes condiciones y era sitio vacacional de sus propietarios, pero hoy en día se ve abandonado y a merced de los vándalos y los buscadores de tesoros, quienes han destruido muchas paredes y cavado pozos por doquier.

Al lado izquierdo de la casa había dos cocheras con guardacantón. Hacia atrás, dividido por un muro de adobe reciente, había un huerto familiar. En ese sector se pueden observar los contrafuertes de piedra. A un lado de la cochera, hacia el poniente, había un establo de animales finos. Aún se conservan los arcos de piedra.

A un lado derecho de la casa grande estaba la oficina o escritorio, la casa del administrador y habitaciones para los empleados cercanos a éste. Enseguida, la entrada a la trastienda y, al final, la tienda de raya separada por un espacio con cuartos que parecieron haber sido corrales o pesebres con sus abrevaderos individuales. Luego les agregaron techos de placa, tal vez convirtiéndolos en almacenes. Este sector también se encuentra en condiciones deplorables.

Entre la casa grande y el conjunto de la fábrica de mezcal está el templo, muy austero y de una sola nave. El campanario es relativamente nuevo; fue reconstruido en 1981. Hay una placa de cantera labrada que dice que fue demolida en mayo de 1981 y reconstruida entre mayo y septiembre del mismo año. Junto al altar desentonaba un cuarto hecho en tiempos recientes.

El segundo conjunto implica lo que fue la fábrica de mezcal que estuvo en funciones hasta hace pocos años. Ahora se encuentra abandonada y con posibilidades de caerse en algunas áreas. Las cúpulas de algunos hornos están fracturadas y las tahonas que no se han robado están también fracturadas y tiradas entre la maleza. Otras áreas de este conjunto se ven muy sólidas y se utilizan como corrales.

Extramuros se ubica el antiguo mesón de las diligencias, una construcción rectangular, de piedra, que se ve muy sólida. En la actualidad es una telesecundaria. En ese sector había otras construcciones que eran casas de trabajadores, corrales y trojes que han sido adaptadas para uso habitacional.

Hay un acueducto de piedra en muy buenas condiciones a través del cual se traía el agua para la casa grande, la mezcalera, las caballerizas y para el riego de los huertos.

Reseña histórica

1600: La referencia más antigua , no como hacienda, apunta a Juan de Lara como dueño de estos territorios.

1654: Andrés Pérez vende la hacienda de Santiago a Francisco de Salas y Diego Rojas.

1623-1767: Existen referencias de Santiago como lugar de retiro espiritual para los jesuitas, como lo fue la hacienda La Parada, ubicada en las cercanías. De ser correcto, entonces Santiago debió haber pertenecido a la Compañía de Jesús –como hacienda o como estancia de La Parada, tal como lo era Santa Teresa– entre los años citados cuando la hacienda La Parada era parte de su feudo. Sin embargo, el Ing. Jorge Martínez, actual copropietario de partes de la ex hacienda y la mezcalera, considera que debieron haber sido franciscanos y no jesuitas, a juzgar por ciertos elementos decorativos de estilo franciscano que se encuentran en la propiedad.

1869: Se cita a Isidro Díaz de León como dueño en estos años, sin que se sepa a quién se la compró ni cuándo.

1820: El acueducto con arcos de piedra tiene labrada una fecha de 1820, tal vez el año cuando fue construido. El agua brota de un manantial a varios kilómetros de distancia, donde inicia el acueducto que traía el agua hasta el casco de la hacienda.

18–: Zacarías Igueravide Zuloaga (1820-1895), un vasco nacido en Tolosa, Guipúscoa, adquiere la hacienda de Santiago. No se sabe si la compró en paquete junto con Espíritu Santo o la hacienda de San Tiburcio (en el municipio de Mazapil) que fueron de su propiedad.

1895: Manuel Igueravide hereda la hacienda tras la muerte de su padre.

1916: Santiago Flores, de Aguascalientes, compra la hacienda a Manuel Igueravide.

1926: Los hermanos Juan Jesús y José Trinidad Flores Parkman heredan la hacienda.

1930: El gobierno de Zacatecas requisa la hacienda porque la fábrica de mezcal no ha pagado los impuestos.

1932: El gobierno expropia tierras y dota 2,602 has de la hacienda de Santiago al ejido.

193-: Un hombre de apellido Ibarra es dueño de lo que queda de la hacienda y, para evitar más problemas con los ejidatarios, les cedió 1,600 has.

1983: La familia Flores Garibay, radicada en San Luis Potosí, compra Santiago a la sucesión de Juan Ibarra. Rehabilitan la fábrica de mezcal y le dan un nuevo auge.

Historias, anécdotas, testimonios e historia oral de la hacienda

1. Se dice que antes de convertirse en hacienda, Santiago era un rancho mezcalero perteneciente a Espíritu Santo. Sin embargo, existen referencias como hacienda desde el siglo XVII.

2. Sobre el origen de la hacienda, el Ing. Jorge Martínez explica: "La hacienda se construyó en un lugar estratégico, una ubicación privilegiada porque desde allí se tenía un control visual de los alrededores y, además, había agua."

    "El primer dueño anduvo en el pleito contra los huachichiles y en premio le dieron esta hacienda. Ese espacio en blanco que no sabemos allá por los años 1700 a los 1800 como que la otorgó a los franciscanos. A la entrada de la iglesia hay una imagen de San Francisco y en la fábrica también hay otra. Adentro de la casa, las conchas que hay en los arcos son del tipo franciscano, parecidas a las del convento de Guadalupe, en Zacatecas. En las recámaras, pegadas a la ventana estaba el típico asiento para dos personas".

3. En torno a los franciscanos y no los jesuitas como otras versiones de historia aluden, el mismo Ing. Martínez cuenta: "En la época de los franciscanos en la huerta tenían sembrado uvas. Nosotros encontramos unos fierros viejos y el molino donde prensaban las uvas. Tenían construidas banquetas pegadas a la tabla de siembra del viñedo que el único propósito que se ve allí era para que meditaran los frailes, que se sentaran a leer sus libros o la biblia. Por eso creo que en ese ínter (entre 1700 y 1800 aproximadamente) la hacienda estuvo en manos de los franciscanos.

4. En el mesón de diligencias paraban los viajeros para las remudas. Por ejemplo, cuando venían de San Luis hacían una remuda en La Parada, otra en Santiago, otra en San Antonio y así se iba la línea de diligencias hasta Zacatecas, pasando por Salinas.

5. Los fortines eran puntos de vigilancia. En tiempos como la guerra de Independencia, los vigilantes usaban "conejeras", que eran carabinas de un solo disparo que retacaban con pólvora y le metían una o varias postas. Décadas más tarde, en la época de la Revolución cerraban los portones y no permitían que entrara gente en la noche. Desde esos fortines los vigilantes disparaban con sus carabinas 30.30 cuando llegaban las gavillas.

6. En una presa que le llaman la Cieneguita han encontrado esqueletos de muertos que nadie sepultó en algún panteón durante la época la Revolución.

7. El casco de la hacienda estaba separado por labores y corrales, todas rodeadas con muros de piedra muy altos. La parte ganadera tenía cierto enfoque en la cría de yeguas finas. Había también ganado lanar, caprino y vacuno. En tiempos más recientes se introdujo la cría de cerdos.

8. Alfonso Herrera narra lo siguiente: "La gente de antes nos platicaba que la tienda de raya era un negocio redondo para los hacendados. Pagaban la raya y la gente tenía que comprar lo que necesitaba en esa tienda –en aquellos años no había ofertas ni nada. Lo que ganaban ahí mismo lo gastaban. Cuando pedían fiado, se les iba apuntando en una libreta y si debían mucho y no había manera que pudieran pagar, la gente tenía que hacer que sus hijos trabajaran casi de gratis. Y, por otro lado, no había muchos gastos porque aquí los hacendados tenían sus carpinteros, herreros, albañiles y gente que sabía hacer cualquier trabajo".

9. Los buscatesoros llegan a Santiago preguntando si se oyen ruidos o si se ven cosas adentro de la casa grande. Cuando escuchan las historias se meten a escarbar o a tumbar muros sin que alguien se los impida. Se dice que tumbaron una pared y sólo encontraron huesos, sin que se haya sabido de qué eran, además de una herradura y otros pedazos de metal, pero nada de dinero ni de valor.

10. El Ing. Jorge Martínez cuenta: "Cuando compramos lo que quedaba de la hacienda de Santiago y la fábrica de mezcal, duramos como diez años trabajando las tierras, la fábrica y la gente ayudó a trazar los linderos. Todo estaba bien, pero entró el Partido del Trabajo al ejido y convenció a la gente de sus derechos, según basados en una resolución presidencial por una ampliación por 4,600 has para sólo seis personas. Era una solicitud de 1938 que se resolvió en 1943 y se quedó en el papel hasta que el PT entró, amañó la resolución y empezaron los conflictos entre nosotros y los ejidatarios".

11. Se dice que en 1984, el sacerdote de la iglesia local estaba cansado de tener que ir a la casa grande para usar el baño. Entonces exigió que construyeran un baño o letrina afuera de la casa grande. Sin consultar con los dueños y por sugerencia de los ejidatarios, construyeron el baño a un lado del altar. Esta incongruencia provocó problemas con los propietarios de la ex hacienda y el mismo obispo de Zacatecas vino a solucionarlo, amonestando al sacerdote.

Historias, anécdotas, testimonios e historia oral de la fábrica de mezcal

1. El mezcal Santiago era de 45° y estaba registrado para 45°. Para tomarlo había que haber nacido con eso, saber lo que es tomar un mezcal de esa graduación.

2. Se dice que, en sus mejores épocas, el mezcal de Santiago era de muy alta calidad y tenía mucha aceptación en el mercado, incluso sobre otras fábricas de la región como Saldaña, La Pendencia, Santa Gertrudis, Tolsá e Ipiña.

3. Marcos Gallegos recuerda lo siguiente: "Una vez fuimos con don Ambrosio, el administrador, a San Luis a entregar cuatro tambos de vino. Allá pesaron los tambos y nos enteramos que rebajaban el vino de Santiago con vinos más corrientes. De esos cuatro tambos de vino de muy buena calidad allá en San Luis hicieron seis. Entonces nos dijeron que luego lo embotellaban para venderlo en las cantinas. Ya en esa época y por esas cosas el vino de Santiago tenía muy mala fama en todas partes. Era tan malo que muchas tiendas regresaban todos los pedidos que tenían".

4. Hace muchos años salió un camión cargado de vino en garrafones de vidrio y de plástico de cinco litros. El camión se quemó en el camino, que era de terracería, porque iba tirándose el mezcal, que ya para entonces era de muy mala calidad, y con el calor prendió y todo se quemó; sólo quedaron algunas garrafas de vidrio. Se dice, a manera de chiste, que esas aguantaron porque llevaba un pedido de mezcal rebajado con agua; casi no tenía alcohol.

5. La fábrica de mezcal estuvo cerrada por varios años hasta que una

persona de San Luis adquirió el casco de la hacienda y la fábrica. Así se reiniciaron labores en la segunda mitad del siglo XX. Sin embargo, se dice que ella no supo administrar la mezcalera y decidió venderla a un hombre de la ciudad de México.

6. Cuentan algunos vecinos que trabajaron en la fábrica que un hombre de la Ciudad de México compró la mezcalera y "no supo la química". Él y su gente decían que eran químicos y que sabían cómo producir vino de mejor calidad, pero les falló porque no tenían experiencia en el proceso del mezcal y empezaron a combinarle muchas cosas con el afán de mejorarlo. Por ejemplo, para fermentar el agave le echaban sangre de grado, y después también experimentaron con la raíz de una hierba que le llaman agrito para la fermentación y tampoco dio resultado.

7. La Sra. Flores aclara: "Eso del químico de la Ciudad de México es incorrecto hasta cierto punto. Mi marido es químico zimólogo, especializado en fermentación. Gracias a sus conocimientos subimos la calidad del producto, pero jamás le echaron sangre de grado, como dicen algunas personas, porque es como veneno ni tampoco experimentamos con el agrito porque eso era cosa del pasado.

8. Además, en la fábrica había un chorrero cuya labor era llevar el control de calidad del producto mezcalero de Santiago. Si por alguna razón rebasaba el nivel de metanol y era por error del chorrero, lo cambiaban por alguien con mejor gusto y olfato.

9. El Ing. Jorge Martínez cuenta: "La calidad del mezcal era muy alta, pero hubo problemas con los productores que mandaban maguey muy joven, maguey "quiotado", maguey enano. Todo un problema general con la materia prima. Nosotros queríamos mejorar el rendimiento, pero en las asambleas en Zacatecas era todo un circo, un lío con gente sin conocimiento, pero con opiniones y algún líder que entorpecía la negociación que obligadamente tenía que ser en asamblea. En nuestra buena época vendíamos nuestro mezcal a Japón, Inglaterra, Australia con requisitos de altísima calidad. Con decir que el mezcal de Santiago era tan bueno que había empresas que trataban de copiar o adulterar y llevar el nombre. Para la película "La mexicana", que se filmó en Real de Catorce, probaron muchos mezcales y eligieron el mezcal de Santiago, el que toma Brad Pitt en esa película. Le gustó tanto que se llevó varias cajas cuando terminaron la película".

10. Dicen que el mezcal de Santiago era muy sabroso y diferente porque el maguey que usaban era poco común en la región y ellos lo plantaban.

Nota: se sabe que el agave *aspérrima jacobi* (maguey cenizo) era el que cultivaban en Santiago y los alrededores, mientras que muchos otros mezcales zacatecanos y potosinos de la región se elaboran con agave *salmiana* (maguey verde). En el número 154 de la revista México desconocido, correspondiente al mes de diciembre de 1989, se publicó un artículo firmado por Rafael Lemus Olvera. En él se aborda el tema de la hacienda mezcalera de Santiago cuando estaba en plena producción.

11. El Ing. Martínez comenta: "En la época del presidente Zedillo y la crisis económica tuvimos que hacer un producto más accesible para el público, algo que pudieran pagar, y así surgió El Puntero, un mezcal bueno, pero económico. Obtuvo la certificación de los Estados Unidos con todos los candados de calidad para exportar a ese país, pero los requisitos de cantidad de producción no alcanzaban porque los proveedores de maguey no cumplían".

12. En 1997 fue necesario cerrar la fábrica por incosteabilidad. Era una fábrica artesanal

que operaba 24 horas en la parte de molienda y destilación, con envasado primero manual y luego semi automático, empleaba a la mitad de los ejidatarios, aunque con problemas por diferencias de criterios. Tiempo antes fue necesario reestructurar los horarios y el personal, de 6 de la mañana a las 4 de la tarde. Después de las 8 de la mañana, por un acuerdo ancestral e inexplicable, los empleados tenían el privilegio de ir al chorro –el área de envasado– para que les dieran su "gallito" o su "cuernito de chivo" de mezcal. Para las 11 de la mañana muchos ya andaban borrachos y no estaban en condiciones de trabajar, pero las mujeres y los hijos estaban en la molienda. A las 5 de la tarde, la gente metía su ganado a la planta, a la fábrica para que comieran del bagazo sobrante de las piñas de maguey, pues aún exprimidas son ricas en azúcares. Hubo accidentes de ganado que se cayó en los hornos. Por ese tipo de cuestiones paró la fábrica, pues era imposible llegar a acuerdos con los ejidatarios.

Leyenda

Monedas de plata fantasmagóricas en un arroyo

Cuando íbamos en las vacaciones allá a Santiago, la gente nos platicaba historias de los tesoros, de los aparecidos; nos platicaba leyendas. Siempre me acuerdo de una porque nos daba miedo; es más, ni queríamos ir a ese arroyo de la leyenda.

Resulta que en el arroyo han encontrado a muchos hombres muertos con los puños de las manos apretados, como si se aferraran de algo muy valioso. Eso es algo raro, ¿no? Pero todo tiene una explicación y aquí es donde viene la leyenda, a ver qué te parece: cuentan que en ese arroyo cuando lleva agua se ven monedas de plata. Si alguien va pasando por ahí y las ve, pues las agarra y siente que ya se hizo rico porque, según esto, son muchas las monedas. Entonces la persona que tuvo la fortuna de encontrárselas se va bien contento, con las manos llenas de monedas y aquí es donde viene el problema: se va muy contento con las monedas y de repente escucha ruidos o voces atrás de él. Si no voltea a mirar hacia atrás, puede irse con el dinero, de lo contrario, llega un ánima y los mata. No sé cómo lo mate, pero me imagino que es de susto. Entonces, cada vez que han encontrado a alguien muerto con los puños apretados, dicen luego que había encontrado las monedas de plata, pero que lo mató un ánima porque volteó a ver hacia atrás.

Miguel Ángel Camacho 

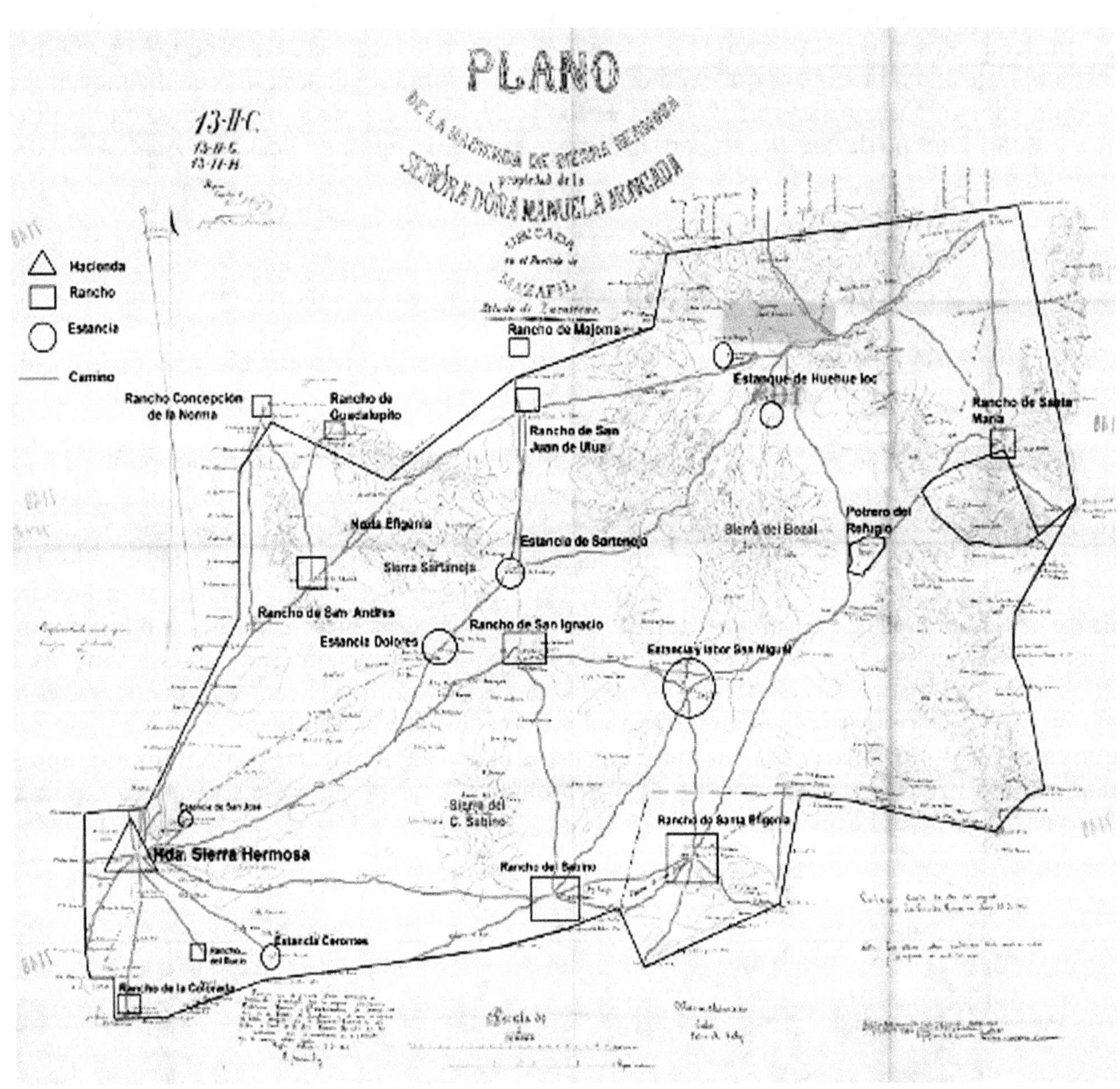

Plano realizado por Arturo Guzmán, en 1888. El original se encuentra en la mapoteca Manuel Orozco y Berra, en Ciudad de México.

SIERRA HERMOSA

Ubicación: Benito Juárez, municipio de Villa de Cos, Zacatecas.
Distancias: 110 km de la capital del estado.
                   40 km al noreste de la cabecera municipal.
Giro económico: Agrícola, ganadero, minero e ixtlero; guayulero en sus últimos años.

DESCRIPCIÓN ARQUITECTÓNICA Y CONDICIONES HASTA 2012

El casco de Sierra Hermosa fue enorme, sin duda ni comparación el más grande de todas las haciendas del Altiplano. En su primera etapa estuvo amurallado o fortificado, con baluartes, torretas de vigilancia y estaciones de revista en las entradas. Tanto los muros que lo rodeaban como las torretas desaparecieron con el paso del tiempo por las nuevas construcciones que se añadieron. Tal vez hubo, incluso, un presidio militar. Éstos fueron muy comunes en muchas haciendas para contener los ataques de nativos, como los huachichiles que transitaban estas tierras desde tiempos inmemoriales.

El casco tiene varios conjuntos, entre otros: el de la casa grande, el de las trojes, el de los establos y corrales, el de los talleres de trasquila, el de las casas de los trabajadores, el de los dos templos. Pese al abandono en su mayor parte –trojes, almacenes, fábricas, caballerizas, establos, incluso el rodeo y un templo–, todo se ve muy sólido, aunque muchos techos se han caído. Hay una bodega con techo de dos aguas –ya sin éstos–, en cuya pared se lee, en letras rojas y grandes, el nombre de Sierra Hermosa, siendo uno de los pocos ejemplos en las haciendas del Altiplano (otro es Venta del Carmen). Partes de la casa grande son ahora de uso habitacional como pequeña propiedad, mientras que otras se encuentran abandonadas, aunque no destruidas.

La fachada poniente muestra un estilo ecléctico muy interesante, con bloques de cuarterón, cantera, pilastras labradas, dinteles. Las puertas, con arcos escarzanos, tienen remates con arcos apuntados (ojivales) y labrados en cantera al centro. La puerta principal, por su parte, tiene arco trilobulado ("arabesco"), cuatro columnas de cantera en estilo neoclásico, rematadas con un escudo labrado que muestra dos Ms entrecruzadas y data de cuando Manuela Moncada era la propietaria. Exhibe una fecha de 1897.

En su última época de esplendor hubo dos templos, el de la comunidad y el que era exclusivo para los hacendados. Ambos se encontraban en el lado poniente del casco. El estilo de las fachadas es armónico, con la diferencia de que sus puertas son con arcos trilobulados y remates conopiales con vanos para las ventanas corales. Los techos fueron realizados de forma conopial. El templo de los hacendados, hacia el norte, es de una sola nave y sigue utilizándose. Por su parte, el templo comunitario, hasta cierto punto inconcluso, tenía dos naves (ambas con remates y techos conopiales); está abandonado.

Extramuros, hacia el sur, se encuentra el cementerio comunitario que sigue utilizándose. Allí no hay criptas de los hacendados, algunos de los cuales fueron sepultados en la cripta familiar en Jaral de Berrio (estado de Guanajuato).

RESEÑA HISTÓRICA

1715: Las primeras menciones explican que este lugar se llamaba San Ignacio, cuando eran tierras de los hermanos Fernández de Castro que vendieron a Fernando de la Campa y Cos, conde de San Mateo de Valparaíso. Eran tiempos en que había litigios territoriales que mucho tenían que ver con la jurisdicción del territorio y del posesionario.
Dado que Fernando de la Campa tenía la mayor parte de sus tierras en la jurisdicción de Fresnillo, mientras que las de Sierra Hermosa pertenecían a la de Mazapil, el litigio

concluyó a favor del capitán Andrés de Berrio Díez, minero avecindado en Mazapil, quien había denunciado esos territorios y le fueron cedidos como merced. (Cabe mencionar que Andrés de Berrio y Fernando de la Campa emparentaron por un lazo marital entre sus hijos Miguel de Berrio y Ana María de la Campa.)

Siglo XVIII: Se desconoce la fecha de su fundación, pero se estima que sus orígenes como hacienda, estancia o presidio datan de principios del siglo. Cabe mencionar, sin embargo, que el antecedente inmediato de Sierra Hermosa es la hacienda de Sierra Vieja, a pocos kilómetros de distancia, hacia el poniente. Ésta fue fundada por el citado Andrés de Berrio y su esposa Teresa de Zaldívar. Sin embargo, y como caso singular en las haciendas del Altiplano, Sierra Hermosa cambió de ubicación, quedando la antigua con el nombre de Sierra Vieja.

1779:   La hacienda de Sierra Hermosa que nos ocupa fue establecida por Miguel de Berrio y Zaldívar, el 1er marqués del Jaral de Berrio, y su esposa Ana María de la Campa y Cos, condesa de San Mateo e hija de Fernando de la Campa y Cos. Ambas haciendas pasaron por herencia a Adeodato de Moncada y Berrio cuando se fundó el mayorazgo de Jaral de Berrio.

1781:   Fallece Adeodato de Moncada a la edad de ocho años. El heredero universal de los mayorazgos de San Mateo de Valparaíso y de Jaral de Berrio fue su hermano Juan Nepomuceno de Moncada y Berrio (1781-1850), aunque su abuela Ana María siguió administrando los mayorazgos hasta su muerte, en 1804.

1797:   Los marqueses de Jaral de Berrio deciden trasladar el casco principal de Sierra Vieja a Sierra Hermosa, siendo entonces cuando ésta inició su gran auge económico y, posiblemente, su mayor extensión territorial que fue de 630,000 has.

Siglo XIX: A lo largo de este siglo el casco de la hacienda tuvo transformaciones significativas en sus giros económicos, aunque siempre en manos de la misma familia Moncada. De ser una hacienda agrícola y ganadera, en cierto momento su giro principal pasó a ser el de trasquila para comerciar lana de borrego. En esa época incluso se acuñaban tlacos o monedas de latón o cobre como se explica en la nota al final de este apartado. Asimismo, la estructura y arquitectura del casco tuvo cambios importantes, al agregársele nuevas construcciones.

1850:   Fallece Juan Nepomuceno de Moncada en su hacienda de Jaral de Berrio y heredó la de Sierra Hermosa a su hijo Agustín Moncada Barón de Lara (1807-18--).

1860:   Desde principios de esta década, durante la Intervención Francesa y el 2do Imperio, hubo mucho tráfico de tropas por el casco y territorios de Sierra Hermosa por ser parte del camino real a Coahuila o Durango. En algunos casos, las tropas hacían parada para descansar uno o dos días, mientras que en otros había saqueos. Por ejemplo, en abril de 1864, después de haber estado en Guanamé, el general González Ortega y su ejército pasaron por aquí y se llevaron lo que pudieron.

18--:   Manuela Moncada Mendívil (1841-19--) hereda la hacienda tras la muerte de su padre.

1868:   El 14 de septiembre, fallece en Sierra Hermosa el administrador Tomás Benavente.

1886:   En octubre, Manuela Moncada, aprovechando la campaña nacional de deslinde de terrenos baldíos, denuncia terrenos baldíos adyacentes a Sierra Hermosa. Tras ganar el litigio en octubre de ese año, su latifundio se expandió un poco más.

Nota: En 1861, la Secretaría de Fomento ordenó la formación de un Diccionario Geográfico de la República, con el cual se pretendía conocer y tener registro de la extensión territorial de cada predio, así como marcar linderos y gestionar los terrenos que se consideraran baldíos, es decir, que quedaran como excedentes o no tuvieran propietario. En 1863, aquella propuesta se convirtió en la Ley Sobre Ocupación y Enajenación de Terrenos Baldíos. Según Dublán, Manuel y José María Lozano, en el artículo segundo de dicha ley se exponía que "Todo habitante de la República tiene derecho a denunciar hasta dos mil quinientas hectáreas, y no más, de un terreno baldío". Eso fue aprovechado por muchos hacendados, como el caso citado de Manuela Moncada que tomó en consideración la enmienda de 1883 a la ley que a la sazón se tituló Ley Sobre Colonización y Deslinde de Terrenos Baldíos.

1897: Para estos años se renovaron las fachadas y se añadieron detalles estéticos, como las dos M entrecruzadas (referencia a Manuela Moncada), recubrimientos de cantera, nuevas construcciones para instalar la fábrica de guayule, dándole al casco el esplendor que conserva hoy en día, aunque casi todo esté abandonado.

1900: El 17 de abril, Francisco Federico Moncada Moncada (1847-1929) adquiere la hacienda de Sierra Hermosa en una transacción intermediada por Ricardo Sainz, a quien su tía Manuela Moncada "había vendido" la hacienda.

1914: Las haciendas de Mazapil, como Sierra Hermosa de Francisco Federico Moncada, están en pleno auge guayulero a pesar de los embates de la Revolución. El producto que se almacena en las trojes de Sierra Hermosa es enviado a la fábrica de San Tiburcio.

1920–: Concluida la Revolución, la decadencia económica de Sierra Hermosa fue paulatina hasta quedar prácticamente en el abandono. Hubo saqueos reiterados por cuenta de los carrancistas.

1928: De acuerdo con algunas crónicas, cuando los estados de San Luis Potosí y Zacatecas aún no definían sus linderos en la región de Sierra Hermosa, el gobernador potosino, Saturnino Cedillo, tomando como pretexto la ejecución de leyes agrarias dispuso la ocupación de esta hacienda. Para ello designó como interventor de Sierra Hermosa a un sobrino suyo, de nombre Hipólito, hijo de su hermano Magdaleno. Hipólito Cedillo se concretó a saquear el casco y, entre muchas atrocidades más, destruyó los altares barrocos de la iglesia, convirtiendo a ésta en su caballeriza particular. Asimismo, de Sierra Hermosa salieron todos los caballos que equiparon a los cuerpos agraristas de ciudades como Cárdenas y Ciudad del Maíz, además de otras en la Huasteca potosina, así como a la campaña militar en contra de los cristeros que dirigió el general Saturnino Cedillo en tierras potosinas. Sin embargo, algunos relatos de historia oral mencionan que fue Gualterio Esparza la persona comisionada para intervenir la hacienda y vivió allí por varios meses. En lo que sí coinciden ambas versiones es que el saqueo y la destrucción fueron casi premeditados: destecharon la iglesia que había sido exclusiva de los hacendados, al igual que las bodegas para robarse las vigas. Se llevaron las campanas, los muebles, los carros, los leones que adornaban la entrada trasera o de "los peones" –como le llamaban popularmente–, las vajillas (algunas de plata o de cobre), incluso sacaron la tubería del agua para venderla por kilos. Lo que

parece que sí dejaron relativamente intacto fue la tienda de raya donde, se dice, aún quedan todos los instrumentos de medición.

1929: El 9 de enero, fallece Francisco Federico Moncada. Hereda las haciendas de Sierra Hermosa y la de San Tiburcio a su esposa Gadalupe Pastor Domínguez.

1932: Ramón Cabrero, vecino de Charcas, es designado interventor de Sierra Hermosa. Él trató de restaurar la antigua majestuosidad del casco, reparando algo de los daños causados por los carrancistas primero y los cedillistas, después.

1935: Concluye el litigio que tenían San Luis Potosí y Zacatecas en relación con los territorios de Sierra Hermosa e Illescas, pues no estaban definidos correctamente. La controversia favoreció a Zacatecas y Sierra Hermosa quedó adentro de esa entidad federativa, aunque ya no como hacienda, pues la Reforma Agraria y la repartición ejidal la habían fraccionado por completo.

1938: Han sido afectadas las haciendas de Sierra Hermosa, El Picacho, Majoma y San Tiburcio con el reparto ejidal. Según datos del juzgado de Primera Instancia de Fresnillo y el Departamento de Agricultura del Estado, Sierra Hermosa tenía 473,481 has.

194-: La sucesión testamentaria de Guadalupe Pastor viuda de Moncada tiene que lidiar con las subsecuentes expropiaciones de la Reforma Agraria hasta perder casi todos sus territorios que fueron de una de las haciendas más extensas de México.

Dato adicional:

Sierra Hermosa fue otra de las pocas haciendas del Altiplano donde se acuñaron monedas para uso interno. Eran piezas de cobre o de latón y se les llamaba "moneda de trasquila". Algunas estaban selladas solamente por una cara, exhibiendo el sello de la casa en ese tiempo: una V y una R entrelazadas, pero otras llevaban el nombre de la hacienda en el anverso y la figura de un borrego y el valor nominal en el reverso. Se acuñaron piezas de 1, 5, 10, 20, 25 y hasta 40 valores; aunque hay algunas muy raras de 160. Tales cifras no representaban valor en centavos o pesos, sino el número de borregos trasquilados. Como esas monedas no tenían valor alguno afuera de Sierra Hermosa, sólo podían ser canjeadas por mercancías en la tienda de raya de la hacienda.

Historias, anécdotas, testimonios e historia oral

1. Lo que hoy se conoce como Sierra Hermosa antiguamente se llamaba San Ignacio. Existen muchas versiones que se cuentan a manera de chiste. Una de ellas dice que cuando el lugar se llamaba San Ignacio, se dejó sentir un remolino muy fuerte. El hacendado se encontraba en esos momentos en su despacho, acompañado de su esposa, y al percatarse de que la ventana estaba abierta, y por la urgencia de evitar que todo se llenara de tierra, le gritó: "¡Cierra, hermosa, cierra, cierra; cierra hermosa!".

   Otra versión explica que en Sierra Vieja vivía la esposa legítima del hacendado y en Sierra Hermosa, la amante. Entonces, cuentan que el hombre le decía a su amante: "Cierra, hermosa, la puerta", refiriéndose a la de la habitación. Mientras que a su esposa le decía: "Cierra, vieja, la puerta".

2. El conde de Jaral decidió cambiar el casco principal de la hacienda de Sierra Vieja a Sierra Hermosa porque en ésta sí había suficiente agua.

3. Mientras construían la casa grande, cuando los hacendados estaban aquí se hospedaban en una casa que aún conserva las ventanas y los barandales de acero forjado.

4. Cuando el hacendado Francisco Berrio llevó a su hija, la "Niña Ema", a conocer el casco y la casa grande, ésta llegó en un carruaje de cristal y todos los trabajadores salieron a recibirla. Se dice que a Ema no le gustó el lugar, aunque años más tarde fue la propietaria.

    Nota: Este fragmento parece ser erróneo, ya que no se tienen referencias de alguien llamado Francisco Berrio. Es posible que se trate de Francisco Jerónimo Moncada.

5. Algunas personas recuerdan pláticas de cuando los hacendados organizaban paseos al campo para toda la gente, sin importar el rango social. Eso ocurría cada 24 de junio, después de la misa. La fiesta se celebraba en un punto llamado Tanque San Leonardo. Ese era el único día en que los trabajadores incluso tenían permiso de pasear a caballo.

6. Hubo un capataz de nombre Teodoro Noriega, quien también era el encargado de ejecutar ciertos castigos a los peones que desobedecían al patrón(a). Por ejemplo, en los "días de guardar", alrededor de la Semana Santa, cuando ya me metía el sol había una especie de "toque de queda" e igual estaba prohibido reunirse en grupos. Si alguien era sorprendido desacatando esa orden, el capataz lo castigaba a latigazos y encerraba al infractor en su casa, además de desintegrar los grupos de gente.

7. Una ocasión hubo un incendio provocado por descuido de un caballerango que tiró la colilla de un cigarrillo sobre el piso de madera de las caballerizas. Las llamas brotaron tan rápido que ni tiempo dieron para sacar a los caballos, a los cuales consumió el fuego entre relinchos, mismos que se escucharon por un largo rato en todo el casco y aún en el pueblo, que en aquella época estaba más retirado.

8. Doña Chayo, que vive en San Matías (municipio de Santo Domingo, S.L.P.), recuerda: "Mi abuelito era panadero en San Miguel de Allende y una vez el papá de doña Lolita Moncada andaba por allá y compró pan, le gustó tanto que preguntó quién era el panadero, habló con él y se lo trajo a trabajar a la hacienda de Sierra Hermosa. Mi papá estaba chiquito y creció en la hacienda, donde luego nacimos nosotros".

9. Cuando empezó el auge del guayule, los Moncada empezaron a construir una fábrica, pues en sus territorios de Sierra Hermosa había muchas de estas plantas y pretendían procesar en su propia fábrica en vez de enviar las plantas a San Tiburcio. El proyecto quedó inconcluso porque sobrevino la Revolución.

10. Juan Manuel de la Rosa cuenta: "Mi abuelo fue el tenedor de libros de la hacienda. Él llevaba las cuentas, los pagos de la raya y todo lo relacionado con las compras y ventas. Contaba de la época del guayule, del gran movimiento que había en Sierra Hermosa por el guayule, que era la novedad, y también por las ovejas, que era lo clásico".

11. Juvenal Noriega explica: "Sierra Hermosa fue una hacienda grandísima, con muchos ranchos que, algunos, no eran tan productivos, pero cuando empezó el auge del guayule esos ranchos fueron de mucha utilidad, La Victoria, Castañón, Tanque de Dolores, Palula donde hay una presa".

12. Dice doña Chayo: "Yo me acuerdo de doña Lolita Moncada que iba de vez en cuando a ver las cosas de la hacienda; vivía en México. Creo que no tuvo familia porque una vez que fue a su hacienda vio a mis hijos y me dijo doña Lolita que si le daba uno de mis hijos para que viviera con ella en México, que allá le daría muy buena educación y a nosotros nos daría los títulos de propiedad de una casa allá en Sierra Hermosa, la casa donde vivíamos".

13. En el casco de la hacienda había dos iglesias, la de los trabajadores y la de los hacendados. La imagen principal es la del Sagrado Corazón, pero dicen que los hacendados contaban con otra imagen que ya no existe porque Hipólito Cedillo, el sobrino del gobernador de San Luis Potosí, se la robó. Otras personas cuentan que más que robársela, la sacó de la capilla hacendaria, la fue a poner en lo alto de una barda, caminó 300 pasos y desde allá empezó a dispararle como en tiro al blanco con su carabina treinta-treinta. Como era muy borracho y no tenía buen pulso, tuvo que ir acortando distancias hasta que finalmente le pegó y la destruyó. Casi como chiste dicen que "no se sabe si habrá sido a 50 metros, a 20 o si la haya agarrado a pedradas porque de que era bruto el sobrino del gobernador, y además de borracho, sí: era muy bruto y muy borracho".

14. Doña Chayo recuerda: "La mamá de la señora Lara era el ama de llaves de la casa grande y unas dos veces nos dejó entrar a la casa que era muy bonita, con muebles muy finos. Me acuerdo que en la entrada principal había dos esculturas enormes de leones y había un señor que cuidaba esa entrada. Pasabas por allí a un patio muy grande y al fondo estaba la casa con una puerta de madera muy fina, hermosa. Esos leones se los robó un Gualterio que estaba de administrador".

15. Se dice que hasta hace pocos años existió un torreón de vigilancia interna. Parece que fue derribado cuando construyeron unos cuartos de adobe. También se habla de un barandal de hierro forjado que alguien se llevó y ahora está en un hotel de Aguascalientes.

16. Dicen que al heredero de la hacienda lo secuestraron y lo mataron, que era un niño chiquito e iba a heredar todo. Nunca se supo qué pasó, pero se convirtió en leyenda que uno de sus tíos lo mató y lo enterró en alguna parte de la casa grande para no dejar rastro y todo quedara como si hubiera sido un secuestro.

LEYENDA

LLANTOS FANTASMALES QUE SE OYEN EN LA CASA DE LA HACIENDA

Aquí de la casa de lo que fue la hacienda de Sierra Hermosa se cuentan muchas cosas. Lo que más se dice, y no son simples pláticas porque nosotros los hemos escuchado, es de llantos que se oyen en algunas partes de la casa. Por ejemplo, abajo del marco de la puerta que va al comedor se oye el llanto de un niño chiquito. Por pláticas de antes sabemos que supuestamente ahí está enterrado un hijo de doña Manuela Moncada, que había sido la dueña de esta hacienda, y según decían antes, ella había muerto y su hermano Francisco se quedó como administrador y albacea, pero su sobrinito iba a ser el heredero. Como don Francisco no estaba dispuesto a que su sobrino se convirtiera en dueño de tantas riquezas cuando creciera, parece que decidió asesinarlo. No se sabe quién haya matado al niño, pero sí creemos que lo enterraron aquí para que nadie supiera, y por eso se oyen los llantos de ese chamaquito.

Abajo del marco de esa puerta hay una piedra muy bien hecha, labrada, que está más abajo de las tuberías. Es una losa y creemos que abajo está sepultado el niño.

Aquí también se oye otro llanto muy triste, muy desgarrador. Éste es como de una mujer mayor. Se oye principalmente en el área del comedor, cerca de la puerta donde abajo está sepultado el niño. Podríamos creer que fuera el llanto de doña Manuela Moncada, pero no puede ser porque ella ya había muerto cuando a su hijito lo asesinaron. Entonces no sabemos de quién sea ese llanto.

Yo lo he escuchado muchas veces y le puedo decir que es un llanto muy triste, muy desgarrador. No se oye siempre, sino de repente. Otras personas que han estado aquí en la casa también lo han escuchado y digamos que están en otra habitación y escuchan ese llanto tan triste y luego preguntan que quién está llorando y yo les digo que nadie y entonces les cuento de ese llanto como fantasmal, o sea un llanto del pasado. No sabemos si esté relacionado con el asesinato del niño, pero es otro llanto que también se escucha aquí en la casa de la hacienda de Sierra Hermosa.

Rosa Bordallo 

SOLÍS

Ubicación:	Solís, municipio de Villa de Guadalupe, S.L.P.
Distancias:	140 km de la capital del estado.
	20 km al suroeste de la cabecera municipal.
Giro económico:	Agrícola, ganadero e ixtlero.

Descripción arquitectónica y condiciones hasta 2012

El enorme casco de esta hacienda, tipo aldea, presenta cuatro conjuntos principales: al norte, la casa grande con el templo adjunto (hacia el oriente, junto a la casa, había una huerta con mirador a la presa). Al sur, las caballerizas, los establos y casas de los trabajadores; también allí estuvo un mesón. Al poniente, la parte administrativa, con la oficina, la tienda de raya, almacenes y trojes. Al noroeste, la casa del administrador y habitaciones de los empleados domésticos. Aunque éste es uno de los cascos mejor conservados en el Altiplano, tanto las trojes como las caballerizas y los establos están abandonadas, pero no en ruina.

La casa grande se encuentra en excelentes condiciones y sirve como sitio vacacional de sus propietarios. Tiene un jardín interior rodeado de habitaciones y un jardín exterior, muy frondoso. Contaba con cuartos para la servidumbre. La fachada presenta cuatro arcos rebajados (uno tapiado) con un porche; toda está rematada con un dintel, posiblemente de cantera pero cubierto de pintura.

El templo, dedicado a la Virgen de Guadalupe, tiene una sola torre con un campanario. La fachada es trilobulada con pilastras de cantera. Tanto la puerta como las dos ventanas laterales y la coral presentan también arcos trilobulados, ofreciendo un aspecto muy armónico. El interior conserva óleos antiguos y el altar neoclásico muy ornamentado. Esta iglesia es de uso comunitario y sólo se abre en fechas especiales.

Nota: Los propietarios actuales consideraron la posibilidad de hacer de la casa grande un hotel ecoturístico. El proyecto se quedó en el papel por diversas causas.

Reseña histórica

1568: De acuerdo con la historia del municipio, cuando llegaron los españoles estos territorios estaban habitados por los bocalos, mejor conocidos como negritos. Otras fuentes mencionan que sucedió en 1624 y atribuyen a Francisco de Vallejo como su primer dueño.

1772: Francisco de Vallejo es el propietario de los territorios. Tal vez se trate del nieto.

1780: José Joaquín de Solís y Felipe Coronado fundan la hacienda de Solís. En los años siguientes dividieron el territorio, Solís se quedó con la fracción del norte y Coronado con la del sur; él fundó su hacienda de Coronado (en el municipio de Venado).

1794: José Joaquín de Solís vende la hacienda a la Santa Provincia de San Alberto de Carmelitas Descalzos (mejor conocidos como los carmelitas descalzos). Ellos habían sido propietarios de la vecina hacienda de Laguna Seca hasta que la vendieron en 1778.

1810: El 9 de diciembre, llega a Solís el general insurgente José Mariano Jiménez con 2,000 hombres en su trayecto a Matehuala.

1811: A principios de febrero, Miguel Hidalgo pasó por aquí luego de haber estado en Laguna Seca y antes de continuar a La Presita y Matehuala.

» » Ese mismo año la hacienda de Solís se vio afectada por varios saqueos perpetrados por Rafael de Iriarte, oscuro personaje que había formado parte del grupo insurgente.

1855: Por estas fechas les son expropiadas a la hacienda de Solís tierras para fundar dos congregaciones: La Biznaga y El Represadero. (En 1857, El Represadero recibió el título de villa, con el nombre de Villa del Ixtle, hoy Villa de Guadalupe y cabecera municipal.)

1858: En febrero, los generales Mariano Escobedo y Valentín Cruz toman la casa grande para desde allí realizar tácticas militares. El primer combate de la Guerra de Reforma o Guerra de los Tres Años registrado en territorio potosino ocurrió en la hacienda de Solís, el 17 de febrero de 1858 (no se especifica si fue en el casco o en sus territorios).

1860: En la época de la Reforma, el gobierno pone en venta las haciendas que expropió al clero. En este caso se puso en paquete la venta de las haciendas de Coronado, Peotillos y Solís, teniendo un costo de $125,000.00 en oro. El paquete lo adquirió Isabel de Goríbar de Ibarra, nativa de San Luis Potosí.

Nota: Este dato puede ser erróneo, pues en la historia referente a la hacienda de Peotillos se sabe que fueron los carmelitas quienes vendieron esa hacienda a Isabel Goríbar, en 1847.

1872: Joaquín Hernández-Pérez de Soto, quien en 1842 fungía como vicecónsul de España en San Luis Potosí, es el propietario de la hacienda de Solís. No se sabe si él se la compró a Isabel Goríbar o si hubo algún propietario intermedio.

1892: Fallece Joaquín Hernández-Pérez de Soto. Su nieto Rafael Hernández Alatorre (1885-1966) heredó Solís y otras haciendas.

1913: El 11 de junio, Rafael Hernández se ve obligado a pagar a los revolucionarios la cantidad de dos mil pesos que exigían a cambio de no destruir los cascos de las haciendas de Solís y de Vallejo.

192-: A partir de la Reforma Agraria, la hacienda de Solís perdió la mayor parte de sus territorios y el casco quedó parcialmente abandonado, sufriendo deterioro, pero no ruina como ocurrió en la hacienda de Vallejo. Los dueños posteriores han sido descendientes de la familia Hernández.

1963: Un español de nombre Antonio era el dueño de lo que quedaba de la antigua hacienda de Solís.

HISTORIAS, ANÉCDOTAS, TESTIMONIOS E HISTORIA ORAL

1. Cuando Miguel Hidalgo y su ejército pasaron por aquí en su trayecto al norte, en febrero de 1811, se abastecieron de agua, de alimentos y cambiaron los caballos. Aquí se quedaron a dormir una noche, antes de seguir con rumbo a Matehuala. Sin embargo, se dice que los carmelitas se negaron a recibir al cura insurgente; es posible que se haya hospedado en el mesón que existía allí.

2. Entre el ejército de Miguel Hidalgo venían muchos huachichiles, pero ellos acamparon en los cerros porque no querían entrar a las haciendas.

3. Hacia el norte de Solís existe un lomerío legendario que le llaman el cerro de la Sierpe. Se dice que hay una cueva por allí y que era refugio de las gavillas que asolaban tanto al casco de la hacienda como al de Laguna Seca. Más como leyenda que como anécdota, los lugareños cuentan que en esa cueva debe haber muchos tesoros enterrados, pero que nadie se atreve a entrar porque está envenenada.

4. Algunas personas recuerdan que en Solís estuvo un maestro que se interesó mucho en las pláticas del cerro de la sierpe y escribió una leyenda al respecto.

5. En cierta ocasión, una diligencia que se dirigía de Charcas a Matehuala fue asaltada por una gavilla que de inmediato huyó hacia su guarida en una cueva ubicada en alguno de los cerros. Sin embargo, la diligencia iba custodiada por la cordada y dos de estos policías

fueron tras los ladrones, a quienes mataron cerca de un lugar que le llaman La Joya y recuperaron el botín.

6. La hacienda de Solís era un latifundio que tenía ranchos y estancias en sus 68,000 has. Uno de ellos creció tanto que en el siglo XIX conformó las comunidades de El Represadero y de La Biznaga. Se dice que hubo conflictos entre los habitantes y el hacendado, quien se negaba a perder parte de sus tierras, pero terminó cediendo cuando se dio cuenta de que la inconformidad popular había llegado a instancias gubernamentales en el congreso del estado.

7. Mariano Escobedo estuvo en la casa con 300 soldados. Desde las seis de la mañana hasta las dos de la tarde hubo balaceras contra las fuerzas de Maximiliano hasta que hicieron una junta y un grupo de contrincantes entró a hablar con el general Escobedo. Resulta que los que estaban afuera se habían rebelado y fusilado a sus jefes por eso prefirieron rendirse.

8. José Luis Carrillo narra lo siguiente: "Cuando Antonio Hernández Soto compró Solís y otras haciendas, se convirtió en el latifundista más importante de San Luis Potosí. Él era un español radicado en Nueva Orleans y su negocio era la importación de telas y textiles de Francia y Europa hacia Nueva Orleans y las embarcaba vía Tampico, de allí a San Luis Potosí y luego a la Ciudad de México. En uno de sus viajes que hizo a México para visitar a la gente con la que comerciaba, pasó por San Luis y se enteró de que el gobierno estaba desamortizando los bienes de la iglesia, vendiendo haciendas. Como él tenía la intención de comprar algo en México empezó a recorrer el Altiplano. En aquel entonces, para que un extranjero pudiera tener propiedades en México era necesario que estuviera casado con una mexicana. Él se casó y tuvo cuatro hijos en su primer matrimonio. Posteriormente, en un segundo matrimonio tuvo 16 hijos y de allí surgió la familia Hernández-Ceballos, cuyos descendientes siguen siendo los dueños de Solís. Su último matrimonio fue con una jovencita de 17 años, cuando él tenía más de 70, y se casó en boda doble junto con su hijo, quien a su vez contrajo matrimonio con una hermana de la jovencita. Es una historia curiosa porque su hijo se convirtió en su cuñado".

9. El templo se construyó a finales del siglo XIX, por ahí de 1890, y se dice que tuvo un costo de $50,000 en oro; se construyó sobre un templo o ermita más antiguo.

10. La cabeza del águila de la Ruta de Hidalgo indica la dirección que llevaba el cura rebelde. Aquí está mal colocada, apuntando hacia el suroeste. Esto es así porque cuando se construyó la barda del jardín de la casa grande, a finales de la década de los 80 del siglo pasado, el monumento estaba deteriorado y aprovecharon para arreglarlo. Además, como está en el interior de la propiedad particular y para que la cabeza del águila no quedara completamente adentro del jardín, decidieron voltearla y esa es la razón por la cual no está apuntando hacia el norte.

11. Martha Olga Mares Careaga cuenta: "Mi abuelito Juan Careaga Alemán fue administrador de la hacienda. Los dueños en ese tiempo fueron de la familia Hernández Alatorre, alrededor de 1940 hasta que la hacienda se la vendieron a don Antonio, un español, más o menos en el 63. Este Sr. don Antonio a todos los habitantes de Zaragoza de Solís empezó a cobrarles renta [porque] las propiedades eran de la hacienda.

12. En la actualidad, la exhacienda de Solís tiene varios dueños entre hermanos que viven en diferentes partes del país. Por mucho tiempo la casa grande estuvo abandonada. De hecho, la hacienda se perdió por 25 años y Salvador Hernández la recuperó, en 1986. La restauró tal como la vemos ahora.

Leyendas

Tesoros

El que sabe muchas cosas de esas y le puede platicar las leyendas que usted anda buscando es Olvera, pero parece que anda para Monterrey. Él platicaba que una vez le ofrecieron un tesoro ahí en la hacienda, pero que no lo quiso sacar. Él nos decía: "Para qué lo saco, si yo no me quiero morir." Es que nosotros sabemos que la mayoría de la gente que encuentra un tesoro se muere.

Aquí se supo que hace muchos años, cuando la hacienda estaba abandonada, unas gentes sacaron mucho dinero. Ellos escarbaron y sacaron esos centavos y al poco rato se murieron. Lo chistoso es que a ellos no les tocaba porque más de rato pasaron otras personas y vieron a estos muertos con todo el dinero regado, levantaron el dinero y ellos sí lo aprovecharon.

Luego cuando llegaron los nuevos dueños quién sabe si habrán encontrado dinero o qué. Pero creemos que ya eran ricos y arreglaron muy bonito. Debería usted darse una vuelta y entrar a conocer, pero ahorita no creo que lo reciban porque, como es Semana Santa, llegaron muchos familiares de México y no creo que quieran andarle mostrando la hacienda a gente que no es de la familia. Pero si viene otro día, de seguro lo reciben con mucho gusto; son muy buenas personas.

Pero así son todas las haciendas y las tapias viejas, porque en lugares así se platica de tesoros. Y ha de ser cierto, porque como antes no había bancos para guardar los centavos, la gente mejor enterraba los baúles, los cantaritos o un morralito de cinco monedas, aunque fuera; la gente enterraba lo que tuviera porque tenía miedo de los asaltantes. Y los hacendados, ni se diga: como ellos sí tenían mucho dinero, han de haber escondido partes aquí y partes allá y otro tanto más allá. Por eso luego por ahí cuentan que en el monte ardía una lumbrecita y que ahí encontraron un tesoro. Pero, le digo, si usted un día platica con Olvera, uh qué de historias le va contar él…

Jesús Hernández

La mujer de blanco

Pos según los *asegunes*, ahí adentro de l'hacienda se aparece una mujer; dicen qu'ella sale de un cuarto y atraviesa todo el jardín, que anda vestida de blanco. Esto lo asegura mucha gente.

A una de mis chamacas le sucedió porqu'ella se dio cuenta una vez qué iba *ansina* en el día y vio a una señora de blanco ahí por donde vivía don Libio, el difunto, ahí cerquitas del pirul. Nos contó mi chamaca que vio a la mujer qu'estaba recargada en un mezquitito, vestida de blanco y que no se movía.

Hay otro señor que le gusta mucho cazar en la noche y sale con la escopeta. A él se le h'aparecido la misma mujer creo que tres veces. Dice que l'ha *vido* en varias partes aquí en los *alderredores* de l'hacienda.

Nosotros creemos qu'es la misma mujer de blanco que vio mi chamaca adentro del jardín de l'hacienda y la que ha *vido* este señor. Y también creemos que es l'ánima de una mujer que aquí anda penando.

Pablo Gallego Martínez

AGRADECIMIENTOS

A la Secretaría de Cultura del Estado de San Luis Potosí, por el apoyo a través del programa de Fomento de Estímulos para Creadores (FECA) 2009 para realizar la investigación que dio pie a la primera edición de este libro.

A Susana Cerda, quien estuvo al cargo del diseño editorial de la primera edición de 2012.

A la gente del Altiplano que convive a diario con una riqueza cultural tangible e intangible como son los cascos de las haciendas. Gracias a la información compartida por muchos de ellos ha sido posible enriquecer este libro. A continuación, una lista de los informantes que compartieron conmigo sus recuerdos:

Abraham Sánchez C., de San Tiburcio, municipio de Mazapil, Zac.
Alfonso Herrera, de Santiago, municipio de Pinos, Zac.
Antonio Nava, radicado en Tizayuca, Hidalgo.
Apolinar Montenegro, de Cruces, municipio de Moctezuma, S.L.P.
Benjamín Sánchez, de Sierra Hermosa, municipio de Villa de Cos, Zac.
Breny Gaytán, de Villa González Ortega, Zac.
Catalina Nava Sotelo, originaria de Sierra Hermosa, Zac.
Clementina Torres, radicada en La Boca, municipio de Villa de la Paz, S.L.P.
Consuelo Torres, de Villa González Ortega, Zac.
Crescencio Mirón Muñoz, de Santo Domingo, S.L.P.
Darío Torres, de Los Amoles, municipio de Guadalcázar, S.L.P.
David Benjamín Jiménez Báez, de Guadalupe, N.L.
Don Ceferino, de El Potosí, municipio de Galeana, N.L.
Don Crescenciano, de Peñasco, municipio de San Luis Potosí, S.L.P.
Don Ezequiel, de Pozo del Carmen, municipio de Armadillo, S.L.P.
Don Jesús, pastor de Matehuala, S.L.P.
Eduardo Delgado, de San Tiburcio, municipio de Mazapil, Zac.
Enrique Dávalos, de Concepción del Oro, Zac.
Enriqueta Vázquez, de Villa de la Paz, S.L.P.
Evelia Chávez, de Illescas, municipio de Santo Domingo, S.L.P.
Fabiola Rodríguez, originaria de Villa de Ramos, S.L.P.
Familia Martínez Flores, relacionados con la hacienda de Santiago, Zac.
Familia Sánchez Román, de Sierra Hermosa, municipio de Villa de Cos, Zac.
Felipa Sánchez, de San Luis Potosí, S.L.P.
Ferchos Espino, de San Luis Potosí, S.L.P.
Fernando Noriega Ramos, de Sierra Hermosa, municipio de Villa de Cos, Zac.
Francisca Gallegos, de Laguna Seca, municipio de Charcas, S.L.P.
Francisca Mauricio, de Villa González Ortega, Zac.
Francisco Domínguez, radicado en Guadalcázar, S.L.P.
Francisco Javier Rodríguez Pinal, administrador de la ex hacienda de Bocas, S.L.P.
Francisco Lara Hernández, de San Juan de Vanegas, municipio de Vanegas, S.L.P.
Guadalupe Ortega, secretaria de la parroquia de Peotillos, municipio de Villa Hidalgo, S.L.P.
Gustavo García, de Doctor Arroyo, N.L.
J. Jesús García Dueñas, de Cedros, municipio de Mazapil, Zacatecas.
Jaime Moncada, de Laguna Seca, municipio de Charcas, S.L.P.
Javier Cerrillo Chowell, radicado en La Boca, municipio de Villa de la Paz, S.L.P.
Jesús Hernández, de Solís, municipio de Villa de Guadalupe, S.L.P.
Jorge Martínez, originario de Ciudad de México, avecindado en San Luis Potosí
José Gil Herrera Martínez, de Cruces, municipio de Moctezuma, S.L.P.
José Luis Carrillo, administrador de la ex hacienda de Solís, Villa de Guadalupe, S.L.P.
Juan Manuel Pérez, gerente de la fábrica de mezcal Laguna Seca, municipio de Charcas, S.L.P.
Juana Yáñez, de El Salado, municipio de Vanegas, S.L.P.
Julián Coronado, de Matehuala, S.L.P.
Juvenal Noriega, de Sierra Hermosa, municipio de Villa de Cos, Zac.
Leonardo Domínguez, de Los Amoles, municipio de Guadalcázar, S.L.P.
Lucila Torres Ortiz, originaria de Concepción del Oro, Zac.
Luis Maldonado, de Solís, municipio de Villa de Guadalupe, S.L.P.
Luis Paredes Martínez, de Punteros, municipio de Salinas, S.L.P.

Manuel Lara, de Vanegas de Abajo, municipio de Vanegas, S.L.P.
Marcos Gallegos, de Santiago, municipio de Pinos, Zac.
María de Jesús García, de El Salado, municipio de Vanegas, S.L.P.
María del Socorro García, de Estación Catorce, municipio de Catorce, S.L.P.
María González, de San Juan de Vanegas, municipio de Vanegas, S.L.P.
María Rojas, de La Carbonera, municipio de Matehuala, S.L.P.
María Santos Báez García, de San Ignacio, municipio de Guadalcázar, S.L.P.
Martha Olga Mares Careaga, de Solís, municipio de Villa de Guadalupe, S.L.P.
Matías Molgado, de El Salado, municipio de Vanegas, S.L.P.
Miguel Ángel Blanco Canizález, de San Tiburcio, municipio de Mazapil, Zac.
Miguel Méndez Guillén, de Villa de Arista, S.L.P.
Misóforo Campos, de Norias del Conde, municipio de Guadalcázar, S.L.P.
Pablo Gallego Martínez, de Solís, municipio de Villa de Guadalupe, S.L.P.
Pedro Pérez de la Chora, de Bocas, municipio de San Luis Potosí, S.L.P.
Pedro Zamarripa Espinoza, de Guanamé, municipio de Venado, S.L.P.
Raúl Sánchez, de Sierra Hermosa, municipio de Villa de Cos, Zac.
Roberto Guzmán, de Salinas, S.L.P.
Rodolfo Ávila, de El Salado, municipio de Vanegas, S.L.P.
Rosa Bordallo, de Sierra Hermosa, municipio de Villa de Cos, Zac.
Rosendo Sánchez, de Espíritu Santo, municipio de Pinos, Zac.
Rubén Rodríguez, de Guanamé, municipio de Venado, S.L.P.
Samuel Martínez, de Illescas, municipio de Santo Domingo, S.L.P.
Sebastián Valladares, de San Luis Potosí, S.L.P.
Silvestre Blanco, de San Tiburcio, municipio de Mazapil, Zac.
Socorro Esquivel, de Guanamé, municipio de Venado, S.L.P.
Tomás Hernández, de Peñasco, municipio de San Luis Potosí, S.L.P.
Ubaldo Briones, párroco de El Potosí, municipio de Galeana, N.L.
Ubaldo Vázquez, de Sandia, municipio de Aramberri, N.L.
Wilebaldo Platas, de Sierra Hermosa, municipio de Villa de Cos, Zac.

Un agradecimiento muy especial a las siguientes personas por su apoyo y conocimientos, así como por sus comentarios técnicos y su interés en este tema:

Alejandro Escudero Pumarejo, de Ciudad de México.
Ana López, radicada en el Estado de México.
Arturo Betancourt Dimas, director del Centro Cultural en Salinas, S.L.P.
Arturo Villarreal, investigador de Saltillo, Coah.
Begoña Garay López, arquitecta radicada en San Luis Potosí, S.L.P.
Bernardo del Hoyo Calzada, genealogista de Zacatecas, Zac.
Carlos Tapia Alvarado, historiador radicado en San Luis Potosí, S.L.P.
Dionisio García Carlos, ingeniero agrónomo de Monterrey, N.L.
Faustino García, de Santander, España.
Francisco Javier Alvarado Segovia, cronista de Doctor Arroyo, N.L.
Ignacio Muriel García, ingeniero de San Luis Potosí, S.L.P.
Jorge Borjas Benavente, licenciado y entusiasta de la historia de San Luis Potosí, S.L.P.
José Puente Gómez, de Mazcuerras, Cantabria, España
Juan Manuel de la Rosa, escultor originario de Sierra Hermosa, Zac.
María Concepción Nava Muñiz, escritora de Matehuala, S.L.P.
Mariana Cabrero, arquitecta de San Luis Potosí, S.L.P.
Maricarmen Seoane, de Ciudad de México
Martha Antuno *Versoazul*, de Santander, España
Óscar Chávez, genealogista de San Luis Potosí, S.L.P.
Tomás Ferrándiz Calvet, historiador de Matehuala, S.L.P.
Víctor López, originario de San Matías, municipio de Santo Domingo, S.L.P.

Mención aparte para Jorge Adame, por el gusto de andar buscando lugares que luego ni parecen existir. Y, sobre todo, para Pat Grounds por su invaluable compañía.

Asimismo, agradezco a las personas que han visitado mis blogs, por el interés en el tema de las haciendas y por sus aportaciones históricas o anecdóticas a través de los comentarios.

HTTP://MITOSYLEYENDASDEMEXICO.BLOGSPOT.MX/

y

HTTP://ADAMELEYENDAS.WORDPRESS.COM/

BIBLIOGRAFÍA

Adame, Homero. *La ruta menos conocida de Miguel Hidalgo. Historias, anécdotas, testimonios e historia oral en el Altiplano Potosino.* México, D.F. 2010.

Alvarado Segovia, Francisco Javier. *Galeana, tierra de hacendados.* En imprenta.

Balderas Peña, Saúl. *Galeana, N.L., la trinchera del sur.* Serie "La historia y el desierto". H. Congreso del Estado de Nuevo León. 1998.

Bazant, Jan. *Cinco haciendas mexicanas. Tres siglos de vida rural en San Luis Potosí (1600-1910).* Colegio de México. México, D. F. 1975.

Cabrera Ipiña, Octaviano. *200 haciendas potosinas y su triste fin.* Libro inédito. (Hay una fotocopia en el Archivo General del Estado de San Luis Potosí.)

Cabrera Ipiña, Octaviano. *Corografía del municipio de Villa de Guadalupe.* 1961.

Chávez Muñiz, Jesús María. *Mier y Noriega, testimonios de su fundación. Universidad Autónoma de Nuevo León.* 1999.

de los Reyes, Aurelio. *¿No queda huella ni memoria? Semblanza iconográfica de una familia.* Universidad Nacional Autónoma de México, Instituto de Investigaciones Estéticas y Colegio de México. México, D.F. 2002.

Díaz Soto y Gama, Antonio. *Historia del Agrarismo en México.* Fondo Nacional para la Cultura y las Artes. México, D.F. 2002.

Ferrándiz Calvet, Tomás. *Tesoros del Altiplano potosino.* Edición de Autor. San Luis Potosí. 2008.

Haciendas del Altiplano Potosino. Eduardo Mead, coordinador; Begoña Garay, colaboradora INAH. Universidad Autónoma de San Luis Potosí. 2010.

Haciendas Potosinas. Serie "Cuadernos del Archivo" 12. Archivo Histórico del Estado. San Luis Potosí. 2003.

Ibarra Grande, Jesús. *Jaral de Berrio y su Marquesado –monografía histórica.* Tercera edición. León, Gto. 1990.

Martínez Rosales, Alfonso. *Las haciendas potosinas en los caminos de San Luis en el siglo XIX.* Biblioteca de Historia Potosina. Serie Cuadernos 48. San Luis Potosí, S.L.P. 1977.

Medrano de Luna, Gabriel. *Danza de indios de Mesillas.* El Colegio de Michoacán. Morelia, Mich. 2001.

Montejano y Aguiñaga, Rafael. *Charcas, S.L.P. Su historia y convento-parroquia.*

Montejano y Aguiñaga, Rafael. *El real de minas en la Purísima Concepción de los Catorce, S.L.P.* Academia de historia potosina A. C. 1985.

Panico, Francesco y Claudio Orozco Garibay. *Mazapil, Zacatecas, México. Un ejemplo de estructura agroganadera colonial (1568-1810).* Universidad Nacional Autónoma de México. 2010.

Pedraza Montes, José Francisco. *Sinopsis histórica de los municipios del estado de San Luis Potosí.* Centro Estatal de Estudios Municipales en la Colección Municipios del Estado de San Luis Potosí. 1993.

Pedraza, José Francisco. *Las "Monedas de Hacienda" del Estado de San Luis Potosí. Signos de cambio de las haciendas de San Juan de Banegas, Santiago, Sierra Hermosa y Peñón Blanco.* Cuadernos de numismática potosina. Universidad Autónoma de San Luis Potosí. San Luis Potosí. 1963.

Romero de Terreros, Manuel. *Antiguas haciendas de México.* Editorial Patria. 1956.

Salazar González, Guadalupe. *Las haciendas en el siglo XVII en la región minera de San Luis Potosí.* Universidad Autónoma de San Luis Potosí, Facultad del Hábitat. San Luis Potosí. 2000.

Sarmiento Pacheco, Oliverio. *Las haciendas entre Reales de Minas: Pozo Hondo, Bañón y Sierra Hermosa en el siglo XVIII*. Ayuntamiento de Villa de Cos, Zac. 2010.

Textos municipales. Antología. Celso Garza Guajardo, coordinador. Universidad Autónoma de Nuevo León, Centro de Información de Historia Regional. Monterrey, N.L. 1988.

Velázquez, Primo Feliciano. *Historia de San Luis Potosí* (tres volúmenes). El Colegio de San Luis y Universidad Autónoma de San Luis Potosí. 2004.

Sitios de Internet consultados (entre julio de 2009 y abril de 2012)

Carrizales Torres, Juvencio. "Mier y Noriega, la vida de sus haciendas". http://www.elregio.com/cdin/pdf/src/132007-06-11_507.pdf

Chávez Flores, Francisco Javier. "Fundación de Bocacil, jurisdicción de Aramberri, Nuevo León 1838". http://www.elregio.com/cdin/pdf/src/132009-01-03_531.pdf

http://bibliotecadigital.ilce.edu.mx/sites/estados/libros/sanluis/html/sec_44.html

http://bibliotecadigital.ilce.edu.mx/sites/estados/libros/sanluis/html/sec_49.html

http://bibliotecadigital.ilce.edu.mx/sites/estados/libros/sanluis/html/sec_56.html

http://bibliotecadigital.ilce.edu.mx/sites/estados/libros/sanluis/html/sec_58.html

http://bibliotecadigital.ilce.edu.mx/sites/estados/libros/sanluis/html/sec_67.html

http://bibliotecadigital.ilce.edu.mx/sites/estados/libros/sanluis/html/sec_73.html

http://bibliotecadigital.ilce.edu.mx/sites/estados/libros/sanluis/html/sec_79.html

http://bocasslp.com/mb/index.php?option=com_content&task=view&id=5&Itemid=6

http://cerritoblanco.blogspot.com/2008/11/el-cerrito-blanco.html

http://codex.colmex.mx:8991/exlibris/aleph/a18_1/apache_media/CS9P8SFL7E7T2E97QB3M-VKKJ68XJVI.pdf

http://codex.colmex.mx:8991/exlibris/aleph/a18_1/apache_media/EC1XXFA2536IPLPN2RQ-G2455GPRJ7R.pdf

http://codex.colmex.mx:8991/exlibris/aleph/a18_1/apache_media/L894DF6UVXJSME63PUI-C9X5E52BSB4.pdf

http://cronistamasopo.blogspot.com/2010/01/dulce-herencia-jesuita.html

http://es.wikipedia.org/wiki/Batalla_de_Peotillos

http://es.wikipedia.org/wiki/Eulalio_Guti%C3%A9rrez_Ortiz

http://labatallademonterrey1846.blogspot.com/2010/01/los-prisioneros-de-mier-en-monterrey-22.html

http://mundozacatecas.com/municipios/villa-gonzalez-ortega/

http://noticias.diocesisdezacatecas.org.mx/index.php?option=com_content&task=view&id=540&Itemid=89

http://redalyc.uaemex.mx/redalyc/pdf/137/13710905.pdf

http://redalyc.uaemex.mx/redalyc/pdf/416/41613102.pdf

http://sic.gob.mx/ficha.php?table=fnme&table_id=242&estado_id=32

http://uair.arizona.edu/item/216202

http://www.analesiie.unam.mx/pdf/45_157-163.pdf

http://www.angelfire.com/ok/altiplano/haciendas.html

http://www.archivomunicipaldesaltillo.gob.mx/.../Catalogo%2021%20pm%20ams.doc

http://www.arts-history.mx/noticiario/index.php?id_nota=1512200895226

http://www.bibliojuridica.org/libros/6/2677/9.pdf

http://www.colpos.mx/slp/salinas_Leyendas_brujas.htm

http://www.ejournal.unam.mx/ehm/ehm31/EHM000003103.pdf

http://www.e-local.gob.mx/work/templates/enciclo/sanluispotosi/municipios/24017a.htm
http://www.e-local.gob.mx/work/templates/enciclo/sanluispotosi/municipios/24022a.htm
http://www.e-local.gob.mx/work/templates/enciclo/sanluispotosi/municipios/24033a.htm
http://www.e-local.gob.mx/work/templates/enciclo/sanluispotosi/municipios/24047a.htm
http://www.e-local.gob.mx/work/templates/enciclo/sanluispotosi/municipios/24048a.htm
http://www.e-local.gob.mx/work/templates/enciclo/zacatecas/municipios/32038a.htm
http://www.e-local.gob.mx/work/templates/enciclo/zacatecas/municipios/32053a.htm
http://www.envenado.com.mx/web/guaname/
http://www.geocities.com/doctor_arroyo/Doctor_Arroyo.html
http://www.google.com.mx/search?hl=es&q=hacienda+presa+de+guadalupe+guadalc%-
C3%A1zar&btnG=Buscar&meta=lr%3Dlang_es
http://www.historiacocina.com/especiales/parras/parras_2.pdf
http://www.iglesiapotosina.org/seccionesarquidiocesis/parroquiasydecanatos/parroquias/ar-
madillo/armadillo.htm
http://www.iglesiapotosina.org/seccionesvarias/avisoslocales/historiadenuestraarq/3edicion/
historiaparroquiasanjuan.cfm
http://www.inafed.gob.mx/work/templates/enciclo/sanluispotosi/municipios/24020a.htm
http://www.inafed.gob.mx/work/templates/enciclo/tamaulipas/municipios/28039a.htm
http://www.jadilop.org/obras/omisiones.html
http://www.jornada.unam.mx/2006/11/13/oja115-virikuta.html
http://www.matehuala.com.mx/historia/
http://www.mazapil.8m.com/realdeminas.htm
http://www.mexico-tenoch.com/mexicomagico/REAL%20DE%2014/DonVicenteIririzar.htm
http://www.mexico-tenoch.com/mexicomagico/REAL%20DE%2014/REALDE14INDEX.htm
http://www.pa.gob.mx/publica/rev_34/MOISES%20FLORES.pdf
http://www.realdecatorce.net/blog/fragmentos/Coghlan
http://www.realdecatorce.net/elchuzo/13/baul.htm
http://www.salinas.gob.mx/turismo/historia.html
http://www.sedesore.gob.mx/SIDESORE/Armadillo%20historia.htm
http://www.sedesore.gob.mx/SIDESORE/Sannicolastolentino%20historia.htm
http://www.seha.info/congresos/2011/S2-Camacho%20Hortensia.pdf
http://www.sic.gob.mx/ficha.php?table=fnme&table_id=66&estado_id=24&municipio_id=0
http://www.slideshare.net/DATURAT/monografia-de-moctezuma-san-luis-potosi
http://www.uaslp.mx/Spanish/Academicas/FEc/Documents/Articulolagunaseca.pdf
http://www.zacatecas.gob.mx/Municipios/VillaGlezHist.html
Villegas Galván, José Alfredo. "Las haciendas". http://www.somosprimos.com/sp2002/spapr02.htm

Bibliografía y sitios de Internet consultados (entre diciembre de 2021 y febrero 2023)

Adame, Homero. *Haciendas del Altiplano – Historias y leyendas. Tomo II. De la Independencia a la Revolución*. San Miguel de Allende, Gto. 2023.
Alvarado Segovia, Francisco Javier. *Doctor Arroyo. Espejo de sol*. Centro de Información de Historia Regional. UANL. Monterrey, N.L. 1991.
Argáez Tenorio, Ivonne Neusete. "Origen, consolidación y fragmentación de San Agustín de los Amoles y San Ignacio del Buey". En el libro *Haciendas, negocios y política en San Luis Potosí. Siglos XVIII al XX*. Colegio de San Luis. 2011. https://www.academia.edu/5258912/

Origen_consolidaci%C3%B3n_y_fragmentaci%C3%B3n_de_San_Agust%C3%ADn_de_los_Amoles_y_San_Ignacio_del_Buey_San_Luis_Potos%C3%AD

Arreola Meneses, Ana Gabriela. "Poblamiento y conformación espacial del sur del Nuevo Reino de León: los valles ganaderos del Río Blanco y San Antonio de los Llanos, siglos XVII-XVIII". Tesis para el grado de Licenciatura. Facultad de Filosofía y Letras. Colegio de Historia. UNAM. 2014.

Bermúdez, María Teresa. *De minas, fortunas y herencias: Juan de Urroz y Garzarón y Juan Lucas de Lassaga*. https://bagn.archivos.gob.mx/index.php/legajos/article/view/1266

Cachero Vinuesa, Monserrat. *Geografía social y red de comunicaciones en el norte de Nueva Galicia: Mazapil (1774-1779)*. https://estudiosamericanos.revistas.csic.es/index.php/estudiosamericanos/article/view/197/201

Camacho Altamirano, Hortensia. "De la cornisa cantábrica al desierto mexicano. Aprender el negocio entre los cantabros en San Luis Potosí. Siglo XIX". Tesis para el grado de Doctorado por el Colegio de Michoacán. 2020.

Casas Sánchez, Norma. "Jugando bajo el mezquite: formas de vida y aprendizaje cotidiano de las niñas y niños en una comunidad del altiplano potosino". Tesis de maestría. 2009. https://biblio.colsan.edu.mx/tesis/CasasSanchezNorma.pdf

Charles Luna, J. Juan. "La Revolución en el municipio de Galeana, Nuevo León", en *Mi pueblo durante la Revolución: volumen III*. 2018.

Coello Ugalde, José Francisco. "Quien desee comprar toros de Guanamé ocurra a…" https://ahtm.wordpress.com/2013/09/21/quien-desee-comprar-toros-de-guaname-ocurra-a/

Coghlan, Edgardo. *Óleos y acuarelas*. Secretaría de Educación del Gobierno del Estado de México. 2018.

Corral Bustos, Adriana. *Estrategias de acción para la inversión: el desarrollo del sistema financiero en San Luis Potosí entre 1850 y 1900*. El Colegio de San Luis. A.C. 2017.

Diario Oficial de la Federación: http://dof.gob.mx/nota_detalle.php?codigo=4816852&fecha=08/06/1979

Diario Oficial de la Federación. 10/03/1981. http://dof.gob.mx/nota_detalle.php?codigo=4627064&fecha=10/03/1981&print=true

Dublán, Manuel y José María Lozano. *Legislación mexicana o Colección completa de las disposiciones legislativas expedidas desde la Independencia de la República*. México. 1887.

El Dato. Numismática de México. "Casa de moneda Real de Catorce". https://eldatonumismatico.wordpress.com/casa-de-moneda-real-de-catorce/

Fernández de Recas, Guillermo S. *Mayorazgos de la Nueva España*. Universidad Nacional Autónoma de México. 1964.

Franco Maass, Sergio; Gutiérrez Rivas, Ana María. *La intimidad en el territorio de una hacienda potosina*. 2013. http://ri.uaemex.mx/handle/20.500.11799/49769.

Fundación Cultural Antonio Haghenbeck y de la Lama. https://fundacion-cultural.blogspot.com/

García Flores, Raúl. "Ser ranchero, católico, fronterizo y Mexicano. La construcción de identidades en el sur de Nuevo León durante la primera mitad del siglo XIX". Tesis para el título de Maestría en Antropología Social por la Escuela Nacional de Antropología e Historia. Unidad Chihuahua. Chihuahua. 2006. https://bagn.archivos.gob.mx/index.php/legajos/article/view/315

Garibay, Enrique. *Biografía del marqués del Castillo de Aysa*. https://www.academia.edu/14859039/Biograf%C3%ADa_del_Marqu%C3%A9s_del_Castillo_de_Ayza. https://en.geneanet.org/ y https://www.congresozac.gob.mx/coz/images/uploads/20180322191848.pdf

James D. *Precursores intelectuales de la revolución mexicana (1910-1913)*. Siglo XXI Editores. 1971. http://www.realdecatorce.net/literatura/historia/Coghlan.pdfCockroft

Lerner, Victoria. "La suerte de las haciendas: decadencia y cambio de propietarios (1910-1920)". https://historiamexicana.colmex.mx/index.php/RHM/article/view/2098

Martínez Romero, David Ricardo. "Matehuala. Poblamiento e incorporación de una zona de frontera de la América septentrional a la monarquía hispánica., 1600-1750". Tesis para el título de Doctor en Historia por el Centro de investigaciones y estudios superiores en Antropología social. Mérida, Yucatán. 2020.

Meade, Joaquín. "Minero y apaciguador de nómadas". Academia Mexicana de la Historia. https://historiamexicana.colmex.mx/index.php/RHM/article/view/870

Mendoza Martínez, Juan Carlos. "Matías Hernández Soberón: familia y política en San Luis Potosí, 1864 – 1894." Tesis para el título de Maestría en Historia por el Colegio de San Luis. 2015.

Mi pueblo durante la Revolución. Vol. III. Varios autores. Instituto Nacional de Antropología e Historia. 2018. https://mediateca.INAH.gob.mx/islandora_74/islandora/object/libro%3A455

Montoya Rivero, María Cristina. *Juan Caballero y Osio, patrono y benefactor de obras religiosas.* Facultad de Estudios Superiores Acatlán, UNAM. 2010. http://www.analesiie.unam.mx/index.php/analesiie/article/view/2320/2278

Nava Muñiz, María Concepción. *Oro, pasión y expiación.* Edición de autor. 2020.

Panorama minero del Estado de San Luis Potosí. Servicio Geológico Mexicano. 2020. http://www.sgm.gob.mx/pdfs/SAN_LUIS_POTOSI.pdf

Ramírez Hernández, Óscar. Historia de la Vicaría de El Carro. Villa González Ortega, Zac. 150 años de la terminación del templo del Señor de Santa Teresa. 2005.

Real Academia Española. *Diccionario de Autoridades 1726-1739*. https://apps2.rae.es/DA.html

Rosas García, Juanita. "El desarrollo de la élite novohispana: el mayorazgo de Gabriel López de Peralta como antecedente para la conformación del marquesado de Salvatierra (1608-1708)". Tesis para obtener del grado de Maestría en Historia. Colegio de San Luis. A.C. 2015. http://colsan.repositorioinstitucional.mx/jspui/handle/1013/298f

Santana Gamboa, Óscar Edilberto. "La plata verde: el guayule en el semidesierto noreste de Zacatecas, 1905-1948". 2014. Tesis para el grado de Doctor en Historia por la Universidad Autónoma de Zacatecas. 2014. https://1library.co/document/zgr79j6q-la-plata-verde-el-guayule-semidesierto-noreste-zacatecas.html

Soberón Sagredo, Agustín. *Diario de Don Agustín Soberón Sagredo (1819-1873)*. El Colegio de San Luis, Universidad Autónoma de San Luis Potosí, 2013.

Sotelo Félix, Jorge Luis: "La empresa de deslinde de terrenos baldíos del Estado mexicano a finales del siglo XIX. Un estudio de caso: el litigio judicial de la hacienda de Cedros por la preservación primitiva de sus territorios". En *Historia judicial mexicana. La propiedad.* Colección SCJN. Instituto de Investigaciones Jurídicas. 2009. https://archivos.juridicas.unam.mx/www/bjv/libros/12/5722/11.pdf

Treviño Villarreal, Héctor Jaime. https://www.academia.edu/15180670/Hacienda_La_Soledad

Utrera y su historia. https://m.facebook.com/Utreraysuhistoria/photos/retrato-de-marcia-la-sainz-de-la-maza/506467989536336/?locale=zh_CN

Vanegas, S.L.P. Monografías de los municipios de México. San Luis Potosí. http://cefimslp.gob.mx/monografias_municipales/2012/vanegas/files/vanegas.12.pdf

Vázquez Esquivel, Meynardo. "Mapa topográfico. Hacienda N. S. de la Soledad" http://rac.db.uanl.mx/id/eprint/246/1/Hacienda%20de%20N.S.%20de%20la%20Soledad.pdf

Villarreal Reyes, Arturo E. *El horizonte fraccionado. Las haciendas de Coahuila.* Secretaría de Cultura de Coahuila. 2014.

FOTOGRAFÍAS ESPECIALES TOMADAS DE INTERNET

P 7.   Mapa de México: https://www.mapademexico.com.mx/wp-content/uploads/2017/02/mapa-topografico-de-mexico.jpg

P. 25.   Juan Caballero y Osio: http://www.analesiie.unam.mx/index.php/analesiie/article/view/2320/2584

P. 28.   Muro en Facebook de Agustín Soberón Sagredo: https://www.facebook.com/photo/?fbid=657364461689533&set=pcb.227861667973150

P. 32.   Santos de la Maza y familia: foto de Guillermo Martínez Zamudio, en la página de Facebook de Utrera y su historia https://m.facebook.com/Utreraysuhistoria/photos/retrato-de-marciala-sainz-de-la-maza/506467989536336/?locale=zh_CN

P. 39.   Francisco de Urdiñola: http://vascongados.blogspot.com/2015/06/francisco-de-urdinola-y-larrumbide.html

P. 40.   Plano de Cruces: https://www.facebook.com/photo/?fbid=305958645102266&set=pcb.305960035102127

P. 55.   Conde de Pérez-Gálvez: https://dialnet.unirioja.es/descarga/articulo/3045475.pdf

P. 76.   Cartel de toros de Guanamé: https://ahtm.wordpress.com/2013/09/21/quien-desee-comprar-toros-de-guaname-ocurra-a/

P. 98.   Nicolás Fernando Torres y Gertrudis Maldonado-Zapata Santibáñez: www.facebook.com/groupds/744872449090762/permalink/2050275491813778.

P. 105. Conde del Peñasco: https://es.wikipedia.org/wiki/Condado_de_Guadalupe_del_Pe%C3%B1asco

P. 106. Peñasco. Imagen antigua compartida por Fernando Chavira López: https://www.facebook.com/photo/?fbid=4118659751587132&set=gm.1921143338060328

P. 113. Peotillos. Foto de William Henry Jackson: https://www.loc.gov/pictures/item/2016797436/

P. 133. Retrato de Francisca de la Gándara y Cardona: De Vicente López Portaña - https://www.museodelprado.es/coleccion/galeria-on-line/galeria-on-line/obra/maria-francisca-de-la-gandara-y-cardona-condesa-viuda-de-calderon/, Dominio público, https://commons.wikimedia.org/w/index.php?curid=15497386

P. 153. Miguel de Berrio y Zaldívar: https://www.jrzetina.com/430038942

P. 150. Plano de Sierra Hermosa: https://www.facebook.com/photo/?fbid=312337624464368&set=pcb.312339324464198

HACIENDAS Y/O ESTANCIAS EN EL
ALTIPLANO VISITADAS

En Coahuila:

Agua Nueva, municipio de Saltillo
El Mezquite, municipio de Saltillo
Encarnación de Guzmán, municipio de Saltillo
Jazminal, municipio de Saltillo
Presa de Guadalupe, municipio de Saltillo
Punta Santa Elena, municipio de Saltillo
San Juan del Retiro, municipio de Saltillo

En Nuevo León:

Albarcones, municipio de Doctor Arroyo
Cerros Blancos, municipio de Mier y Noriega
Cruz de Costilla, municipio de Doctor Arroyo
El Canelo, municipio de Doctor Arroyo
El Carmen de Castaños, municipio de Doctor Arroyo
El Potosí, municipio de Galeana
El Tecolote, municipio de Doctor Arroyo
La Cardona, municipio de Mier y Noriega
La Hediondilla, municipio de Doctor Arroyo
La Laja, municipio de Doctor Arroyo
La Soledad, municipio de Aramberri
Las Catorce, municipio de Doctor Arroyo
Las Margaritas, municipio de Aramberri
Los Medina, municipio de Doctor Arroyo
Nopalillos, municipio de Doctor Arroyo
Peñuelo, municipio de Galeana
Puerto del Aire, municipio de Doctor Arroyo
San Cayetano de Vacas, municipio de Doctor Arroyo
San Francisco de Berlanga, municipio de Aramberri
San Isidro de Berlanga, municipio de Galeana
San Isidro de Fernández, municipio de Doctor Arroyo
San Isidro de González, municipio de Galeana
San Jorge, municipio de Galeana
San José de Raíces, municipio de Galeana
San Miguel de los Aguirres, mpio. de Doctor Arroyo
San Pedro de González, municipio de Doctor Arroyo
   (también conocida como San Pedro de Rueda)
Santa Gertrudis, municipio de Doctor Arroyo

En San Luis Potosí:

Bocas, municipio de San Luis Potosí
Buenavista, municipio de Guadalcázar
Carbonera, municipio de Matehuala
Cerritos de Bernal, municipio de Santo Domingo
Charquillo, municipio de Venado
Coronado, municipio de Venado
Cruces, municipio de Moctezuma
Del Blanco, municipio de Cedral
Derramaderos, municipio de Villa de Arista
El Caballo, municipio de Cedral
El Carrizal, municipio de Cedral
El Clérigo, municipio de Venado
El Epazote, municipio de Venado
El Huizache, municipio de Guadalcázar
El Huizache, municipio de Matehuala
El Indio, municipio de Catorce
El Malacate, municipio de Villa de Ramos
El Pinto, municipio de Guadalcázar
El Potrero, municipio de Catorce
El Progreso, municipio de Cedral
El Refugio, municipio de Charcas
El Salado, municipio de Vanegas
El Sotol, municipio de Cedral
El Tepeyac, municipio de Ciudad del Maíz
El Zacatón, municipio de Villa de Ramos
Elorza, municipio de Charcas
Estancia de Santa María, municipio de Catorce
Guadalupe el Carnicero, municipio de Catorce
Guanamé, municipio de Venado
Guayulera, municipio de Cedral
Hacienda de Guadalupe, municipio de Villa de Ramos
Illescas, municipio de Santo Domingo
Jesús María, municipio de Cedral
La Boca, municipio de Villa de la Paz
La Cocinera, municipio de Villa de Ramos
La Concepción, municipio de Cedral
La Corcovada, municipio de Villa Hidalgo
La Enramada, municipio de Moctezuma
La Góngora, municipio de Charcas
La Herradura, municipio de Villa de Ramos

La Luz Paralizada, municipio de Cedral
La Luz, municipio de Cedral
La Luz, municipio de Charcas
La Pastoriza, municipio de Matehuala
La Poblazón, municipio de Catorce
La Presa, municipio de Villa de Guadalupe
La Presita, municipio de Villa de Guadalupe
La Tapona, municipio de Guadalcázar
La Tapona, municipio de Villa Hidalgo
La Trinidad, municipio de Venado
La Victoria, municipio de Cedral
Labor de la Cruz, municipio de Charcas
Laguna Seca, municipio de Charcas
Las Maravillas, municipio de Matehuala
Los Charcos, municipio de Charcas
Los Cisneros, municipio de Catorce
Los Martínez, municipio de Matehuala (también se le conoce como San José de la Peña)
Los Patos, municipio de Matehuala
Mingolea, municipio de Charcas
Morterillo, municipio de Moctezuma
Norias del Conde, municipio de Guadalcázar
Peñón Blanco, municipio de Salinas
Peotillos, municipio de Villa Hidalgo
Pozas de Santa Ana, municipio de Guadalcázar
Pozo de Acuña, municipio de Guadalcázar, S.L.P.
Pozo del Carmen, municipio de Armadillo
Presa de Guadalupe, municipio de Guadalcázar
Presa de Santa Gertrudis, municipio de Charcas
Punteros, municipio de Salinas
Rincón del Molcajete, municipio de Villa Hidalgo (también se le conoce como El Molcajete o Rincón del Refugio)
San Agustín de los Amoles, mpio. de Guadalcázar
San Antonio de Rul, municipio de Moctezuma
San Eustaquio, municipio de Venado
San Francisco del Tulillo, municipio de Guadalcázar
San Francisco, municipio de Charcas
San Francisco, municipio de Villa de Guadalupe
San Gabriel, municipio de Cedral
San Ignacio, municipio de Guadalcázar
San José de Ipoa, municipio de Matehuala
San José de la Punta, mpio. de Villa de Guadalupe
San José de la Troje, municipio de Matehuala
San José El Saladillo, municipio de Villa de Ramos
San Juan de Banegas, municipio de Vanegas
San Judas, municipio de Villa de Guadalupe
San Pablo, municipio de Cedral
San Pedro, municipio de Guadalcázar
San Pedro, municipio de Venado
Santa Isabel, municipio de Villa de Guadalupe
Santa María de la Paz, municipio de Moctezuma

Santa María, municipio de Salinas
Santa Rita del Rucio, municipio de Guadalcázar
Santa Teresa, municipio de Ahualulco
Santo Domingo, municipio de Guadalcázar
Silos, municipio de Villa Hidalgo
Solís, municipio de Villa de Guadalupe
Tanque Colorado, municipio de Moctezuma
Tanque de Dolores, municipio de Catorce
Vallejo, municipio de Villa de Guadalupe
Venta del Carmen, municipio de Villa de Arista

En Tamaulipas:

Calabacillas, municipio de Jaumave
Cerro Gordo, municipio de Tula
El Buey, municipio de Tula
La Viga, municipio de Tula
Las Antonias, municipio de Bustamante
Los Charcos, municipio de Tula

En Zacatecas:

Agua Buena, municipio de San Salvador
Bañón, municipio de Villa de Cos
Bonanza, municipio de Mazapil
Calabazal, municipio de Mazapil
Castañón, municipio de Mazapil
Cedros, municipio de Mazapil
Compostela, municipio de Melchor Ocampo
Concepción de la Norma, municipio de Mazapil
El Carro, municipio de González Ortega
El Picacho, municipio de Mazapil
Espíritu Santo, municipio de Pinos
Gruñidora, municipio de Mazapil
Guadalupe de las Corrientes, municipio de Villa de Cos
Ifigenia, municipio de Mazapil
Guadalupito, municipio de Mazapil
Jazminal, municipio de Mazapil
Majoma, municipio de Mazapil
Palula, municipio de Mazapil
Pozo Hondo, municipio de Villa de Cos
San Antonio de Triana, municipio de Villa de Cos
San Elías de la Cardona, municipio de Mazapil
San Tiburcio, municipio de Mazapil
Santiago, municipio de Pinos
Sierra Hermosa, municipio de Villa de Cos
Sierra Vieja, municipio de Villa de Cos
Tacoaleche, municipio de Guadalupe
Trancoso, municipio de Guadalupe

Índice de haciendas incluidas en el libro *Haciendas del Altiplano – Historia(s) y Leyendas. Tomo II. De la Independencia a la Revolución*